AF191720

Daomonk

108
Chán- Geschichten
Zen- Geschichten
禅

Gōngàn – Koan
公案

von
Daomonk

Michael Schwindl

Daomonk's Buchreihe 3

Erstausgabe 2024
Bern, Schweiz

www.daomonk.com

Bibliografische Information der Deutschen Nationalbibliothek:
Die Deutsche Nationalbibliothek verzeichnet diese Publikation
in der Deutschen Nationalbibliografie;
detaillierte bibliografische Daten sind im Internet über
http://dnb.dnb.de abrufbar.

Verlag:
BoD · Books on Demand GmbH, In de Tarpen 42,
22848 Norderstedt
Druck:
Libri Plureos GmbH, Friedensallee 273,
22763 Hamburg

ISBN: 978-3-7693-0176-2

Inhaltsverzeichnis

1. Vorwort

Willkommen zu meinem dritten Buch, das der Faszination der Chán-Geschichten gewidmet ist.

Diese Geschichten erweisen sich stets als wunderbare Mittel, die nicht nur neue Sichtweisen eröffnen, sondern uns auch dabei helfen, den Alltag hinter uns zu lassen und in neue Welten einzutauchen. Sie bieten tiefgründige Weisheiten, die über Jahrhunderte hinweg Menschen inspiriert und geleitet haben.

Schon in meiner frühen Kindheit entdeckte ich meine Begeisterung für diese philosophischen Erzählungen. In diesem Buch findest du sowohl altbekannte Chán-Geschichten als auch noch nie veröffentlichte Erzählungen. Es ist eine Mischung aus Klassikern und neuen Inspirationen, die das Herz reinigen und die Verbindung zur Seele öffnen.

Ich hoffe, dass dieses Buch auch bei dir die Begeisterung für Gōngàn 公案 entfacht oder vertieft. Mögen diese Geschichten dir auf deinem eigenen Weg zur inneren Ruhe und Erkenntnis eine Stütze sein.

2. Über das Buch

Bedeutung

Hier im Westen ist wohl der japanische Name am bekanntesten – Kōan 公案, der im Chinesischen Gōngàn lautet. Das Gleiche gilt für den Begriff Zen 禅 auf Japanisch, der ebenfalls aus dem Chinesischen stammt und dort Chán genannt wird. Gehen wir nun weiter zur Bedeutung der Wörter und ihrem Kontext.

公 Gōng = öffentlich,offiziell oder gemeinsam
案 àn = Fall, Akten
公案 Gōngàn = öffentlicher Fall

Im ursprünglichen Kontext der chinesischen Rechtssprache bezog sich Gōngàn auf einen Präzedenzfall oder ein Rechtsdokument, das als Referenz für ähnliche Fälle und Hilfestellungen bei gerichtlichen Entscheid-ungen diente. Entfernen wir uns jedoch von diesem weltlichen Konzept und wenden uns dem Chán-Buddhismus zu, so wird es zu einem spirituellen-philosophischen Fall, einem Problem oder Rätsel. Diese sind bewusst paradox oder verwirrend gestaltet, um das konventionelle Denken zu durchbrechen, tiefer in die Existenz einzutauchen und einen natürlichen Zugang zu unserer Seele zu finden. Dadurch können wir freier werden und erkennen, dass Paradoxe oft mehr Wahrheit als Widerspruch enthalten.

Dies lässt sich auch sehr gut in Lǎozǐ's 老子 Werken, dem Dàodéjīng 道德经 und dem Huàhújīng 化胡经 erkennen. Beide Bücher sind perfekte Beispiele dafür, wie wir wieder freier werden können und was Natürlichkeit bedeutet, sowie wie wir die Paradoxe der Existenz und Nicht-Existenz verstehen können.

Das Huàhújīng war meine zweite Buch-veröffentlichung, da ich es wieder in deutscher Sprache zugänglich machen wollte. Ich finde es ein wunderbares Buch und möchte meine Freude daran mit allen teilen.

经 jīng = Sutra, oft im Sinne von religiösen oder klassischen Texten

Für mich gehören Gōngàn genauso dazu wie Sutren und alte Schriften, da sie eine andere Form der Anregung darstellen und uns oft auf einfachere Weise erreichen können. Obwohl sie in ihrer Art unterschiedlich sind, führen sie uns beim Lösen und Beruhigen des Herzens zum gleichen Ziel, dass sich die Seele öffnet und das Tor zum Geist wieder offen steht.

Unterschied Gōngàn und Chán-Geschichten

Ein Gōngàn ist ein spezifisches, oft rätselhaftes Werkzeug, das in der Chán-Praxis eingesetzt wird um Erkenntnisse zu fördern. Eine Chán-Geschichte hingegen erzählt von den Erfahrungen und Weisheiten der Praxis, oft durch die Darstellung realer Ereignisse oder Dialoge, und kann auch Einsichten in die Lösung oder Interpretation eines Gōngàn bieten.

Während Gōngàn direkt auf die innere Arbeit und die spirituelle Erkenntnis abzielen, bieten Chán-Gschichten einen breiteren Kontext und Einblick in die Chán-Lehre und Lebensweise.

In diesem Buch werde ich sowohl einige noch nie veröffentlichte Geschichten als auch altbekannte Erzählungen einbinden. So könnt ihr eine frische Brise und altbewährte Weis-heiten gleichermassen geniessen.

Praxis

In der Praxis wurden Gōngàn recht unterschiedlich gehandhabt, je nach den verschiedenen Schulen. Normalerweise wird ein Gōngàn einem Schüler gegeben, der dann darüber meditiert und versucht, eine tiefere Einsicht zu erlangen. Die Lösung ist nicht einfach. Nur eine einfache verbale Antwort oder eine intellektuelle Erklärung ist oft zu wenig, sondern ein direktes Erleben und tiefes Verstehen im Sein und Nicht-Sein. So wird die Antwort meist auf kreative Weise ausgedrückt. Hier zwei nummerierte Beispiele, die ihr in diesem Buch schnell nachschlagen könnt:

32. Der Klang einer klatschenden Hand:

Was ist der Klang einer klatschenden Hand? Dieses Gōngàn fordert dazu auf, über die Natur von Klang und Stille nachzudenken, zudem auch über das, was ist oder nicht ist, und die Erschaffung selbst.

1. Ein Tasse Tee:

Dieses Gōngàn, das auch als eine bekannte Chán-Geschichte gilt, wird verwendet, um die Bedeutung von Offenheit und Leerheit zu verstehen. Wer schon voll ist, hat keinen Platz für Neues und oft eine eingeengte Sichtweise.

Ursprung der Chán-Geschichten

Der genaue Zeitpunkt, wann die ersten Gōngàn formuliert wurden, ist schwierig zu bestimmen. Doch die Tradition, wie wir sie heute kennen, würde man etwa in China auf die Tang-Dynastie (618–907 n.Chr.) zurück-führen. Schon zuvor wurden Schüler auf diese Weise getestet und geschult, da es natürlich erscheint, dem Schüler Rätsel aufzuerlegen, sodass er sich intensiver mit der Thematik auseinandersetzt. Diese Kunst wurde mit der Zeit immer mehr gepflegt und so in der Tang-Dynastie verfeinert, was als der Anfang der Entstehung gesehen wird.

Damals wurden Gōngàn oft mündlich weitergegeben, bevor man begann, sie in Buchform in Sammlungen festzuhalten und so in der Song-Dynastie (960–1279 n.Chr.) systematisierte.

Hier einige bekannte erste Werke:

Die Aufzeichnungen der Übertragung des Lichts (Chuándēng lù 傳燈錄) im Jahr 1004 n.Chr.

Diese Sammlung enthält Anekdoten und Lehrreden von Chán-Meistern. Sie ist nicht nur eine Sammlung von Gōngàn, doch hat sie zum Verständnis und der Verbreitung der Chán-Lehren beigetragen.

Das Blaue Klippen-Buch (Bì yán lù 碧巖錄)
Dieses Werk wurde zwischen 1063 und 1135 n.Chr. komplettiert. Es ist eine der berühmtesten

Sammlungen von Gōngàn mit Kommentaren und Versen, die zur Vertiefung des Verständnisses beigetragen haben.

Das Torlose Tor (Wú mén guān 無門關):

Zusammengestellt von Wúmén Huìkāi 无門慧开 im laufe von 1183–1260 n.Chr. Diese Sammlung enthält 48 Gōngàn, die vor allem für die Chán-Praxis dienen.

Felsens und des Sandes (碎石錄, Suì shí lù) Die Sammlung des Waldes der Anspielungen (語林集, yǔ lín jí)

Diese Aufzeichnungen sind weitere Beispiele für Sammlungen, die Gōngàn und dialogische Auseinandersetzungen zwischen Chán-Meistern und ihren Schülern enthalten.

Der Chán-Buddhismus (Chán Fójiào 禅佛教) und die Praxis der Gōngàn wurden etwa im 12. und frühen 13. Jahrhundert von japanischen Mönchen, die in China den Chán-Buddhismus studierten, nach Japan gebracht. Einer der bekannten Mönche war Yōsai (Róngsài 荣西), auch als Eisai bekannt, der im Jahr 1191 nach Japan zurückkehrte. Er wird oft als der Gründer der Rinzai-Schule (Línzài Zōng 临济宗) des Chán-Buddhismus in Japan angesehen. Ein weiterer bekannter Mönch ist Dōgen (Dàoxián 道元), der 1223 nach China reiste, um auch zu studieren, und 1227 wieder zurückkehrte und die

Sōtō-Schule (Cǎodòng Zōng 曹洞宗) gründete. Dies hatte grossen Einfluss auf die japanische Religion, Kunst, Philosophie und Kultur.

Handhabung

Es gibt verschiedene Ansätze, philosophische Weisheitsbücher zu handhaben. Man kann sie einfach durchlesen und sich von den Weisheiten und Eindrücken des Seins überwältigen lassen, wodurch man vielleicht regelrecht davongetragen wird. Alternativ kann man eine Geschichte lesen und sie bewusst nachwirken lassen, etwa in einer Meditation oder während des alltäglichen Lebens. Man kann im Fluss des Textes mitgehen oder innehalten, als würde man ans Ufer treten, bevor man sich mitreissen lässt und den Halt verliert. Dies gilt sowohl für das Buch als auch für das Leben selbst.

Ein Buch muss zudem nicht unbedingt von Anfang bis Ende gelesen werden. Man kann es einfach aufschlagen und die Geschichte lesen, die einem ins Auge fällt. Dieselbe Erzählung kann jedes Jahr anders wirken, da sich sowohl die eigene Perspektive als auch die Lebensumstände wandeln.

Ich lese zum Beispiel immer wieder im Dào dé jīng 道德经 (Tao Te King) und Huà hú jīng 化胡经 von Lǎozi 老子, sowie in Chán gùshì 禅故事 (Chán-Gschichten), Weisheitsbüchern und ähnlichen Texten. Diese nutze ich als ständige Begleiter auf meinem Weg der Kultivierung. Im Folgenden gehe ich die verschiedenen Möglichkeiten, solche Bücher zu nutzen, nochmals kurz durch:

Der klassische Leser

Klassisch kann man eine Weisheit-Geschichte nach der anderen durchgehen. Doch lasst euch dort etwas Zeit, pro Tag oder Tagesabschnitt einfach eine Weisheit lesen.

Der Springer

Er ist dem Klassischen sehr ähnlich, doch er geht auch einmal wieder zurück oder vor, zum Beispiel ins Wörterverzeichnis, um etwas nachzuschlagen so wird das Buch fast zu einem Studium.

Der Überflieger

Er überfliegt das Buch oder liest es im Schnelldurchgang und fängt dann nochmals an, um in den einzelnen Abschnitten in die Tiefe zu gehen.

Der Spontane

Dieser lässt den Zufall bestimmen, wo er das Buch aufklappt und welche Weisheit-Geschichte ihm ins Auge sticht. Oder er ist sich schon vor dem Aufklappen bewusst, welche Seite er nimmt, ob links oder rechts.

Der Mitgerissene

Dieser liest und lässt sich so lange mitreissen, bis er sich selbst verliert und alles vergisst, was ist – und dadurch aus dem Nichts Neues entstehen lässt. Man könnte sagen, dass er unbewusst Zugang zum kosmischen Wissen findet, wie in der Meditation.

3.   108 Chán- Geschichten

1. Eine Tasse Tee

Es war einmal ein Universitätsprofessor, der es liebte, Neues zu lernen und so auch Chán studierte. Er hörte von einem japanischen Meister namens Nan-In (Nán Yǐn 南隱), der in der Meiji-Zeit (Míngzhì Shídài 明治時代, 1868–1912) lebte. Also machte sich der Professor auf den Weg zu diesem Meister.

Als er dort ankam, bat Nan-In ihn herein und lud ihn auf eine Tasse Tee ein. Der Professor setzte sich und begann sofort, ausführlich darüber zu erzählen, was er machte und studierte.

Nan-In brachte ihm eine Tasse und begann, Tee einzuschenken. Der Professor sprach ohne Pause weiter, während die Tasse sich mehr und mehr füllte, bis sie schliesslich überlief.

Der Professor bemerkte dies und rief: „Meister, die Tasse ist übervoll, mehr passt nicht mehr hinein!"

„So wie diese Tasse Tee sind auch Sie", sagte Nan-In und fuhr fort: „Sie sind schon voll mit Meinungen und Ansichten. Wie kann ich ihnen Chán zeigen, bevor sie ihre Tasse nicht geleert haben?"

Kommentar:

Diese Geschichte nahm ich mir selbst zu Herzen, als ich nach China in eine Gōng Fu 功夫 Kung Fu Schule ging. All mein vorheriges Wissen über Gong Fu,ca. 20 Jahre, stellte ich in mein 'Bücherregal im Kopf' – es ist noch da und greifbar, aber ich konzentriere mich auf das, was kommt, und lasse mich nicht von dem blenden, was war.
> 6.2021 <

China - Wudangshan 2017

2. Das Geheimnis des Glücklichseins

Griechischer Mythos

Vor langer Zeit waren die Götter besorgt über den raschen Fortschritt der Menschen. Die Menschen hatten bereits das Feuer und den Umgang mit verschiedenen Heilmethoden entdeckt, sogar Schrift und Gebäude hatten sie erschaffen.

Jetzt fehlte ihnen nur noch eins, das Geheimnis des Glücklichseins.

So berieten sich die Götter untereinander: „Wie könnten wir dieses Geheimnis am besten verbergen?"

Da sagte einer: „Verbergen wir es auf dem höchsten Gipfel des Berges." „Nein, versenken wir es auf dem Grund des Meeres," erwiderte ein anderer. „Wie wäre es mit einem fernen Stern? Da müssten sie lange suchen," sprach der Dritte.

Schliesslich trat der klügste der Götter zu ihnen und sagte: „Ich weiss, wo wir es verstecken müssen, wo sie es kaum finden werden – tief in ihrem Herzen!"

3. Die Frau am Fluss

Zwei Mönche auf ihrer Wanderschaft kommen an einen Fluss mit starker Strömung. Dort steht eine junge, schöne Frau mit einem gefüllten Korb, die sich nicht traut, den schnell fliessenden Fluss zu überqueren.

Ohne zu zögern, geht der ältere Mönch zu der Frau und bietet ihr seine Hilfe an. Die junge Dame nahm die Hilfe dankbar an. Und so trug der ältere Mönch sie auf seinen Schultern, während der jüngere Mönch den Korb mitnahm. Am anderen Ufer angekommen, bedankte sich die Frau und ging ihres Weges, so auch die Mönche.

Später auf ihrer Wanderschaft fragte der alte Mönch den jüngeren: „Über was zerbrichst du dir den Kopf?" Daraufhin kritisierte der jüngere Mönch mit wütender Stimmlage: „Du weisst doch, dass es uns Mönchen nicht erlaubt ist Frauen anzufassen! Wie konntest du nur diese Regel brechen?"

Der alte Mönch hörte sich die Vorwürfe ruhig an und antwortete in sanfter Stimmlage: „Ich habe die Frau vor Stunden am Flussufer abgesetzt, und du trägst sie immer noch mit dir herum."

4. Wahres Glück

Ein reicher Mann wollte als Glücksbringer für seine Familie eine Kalligrafie anfertigen lassen, damit das Glück von Generation zu Generation weitergetragen wird. So bat er Sengai Gibon (Xiānái Yìfán 仙厓義梵) um eine Kalligraphie, die das Glück seiner Familie stärken sollte. Sengai verlangte einen grossen Bogen Papier, griff zum Pinsel und schrieb: „Vater stirbt, Sohn stirbt, Enkel stirbt."

Als der reiche Mann dies sah, wurde er sehr wütend und sprach mit erhobener Stimme zu Sengai: „Ich habe euch darum gebeten, etwas zum Glück meiner Familie zu schreiben und ihr macht euch einen Scherz daraus! Was habt ihr euch dabei gedacht?"

„Es war nicht meine Absicht, dass es den Anschein erweckt, ich erlaube mir einen Scherz", erwiderte Sengai und fuhr fort: „Doch erkennt meine Worte. Wenn euer Sohn vor euch sterben würde, würdet ihr betrübt sein, und wenn dann noch der Enkel vor eurem Sohn stirbt, würde das eure beiden Herzen brechen. Wenn also in eurer Familie über Generationen alle in der richtigen Reihenfolge sterben können – genau in der, die ich niedergeschrieben habe – dann nenne ich das wahres Glück."

5. Der Mond kann man nicht stehlen

Der Chán-Meister Ryōkan (Liángkuān 良寬) lebte stets einfach und bescheiden in einer kleinen Hütte am Fusse eines Berges. Eines Abends kam ein Dieb vorbei, der alles durchwühlte, aber nichts zum Stehlen fand.

Ryōkan kehrte gerade von einem Abendspaziergang zurück und ertappte den Dieb. Da sprach Ryōkan zu ihm: „Guten Abend, sie sind wohl einen langen Weg gegangen, um mich zu besuchen, und du solltest nicht mit leeren Händen wieder gehen." So bot Ryōkan dem Dieb seine Kleider als Geschenk an.

Der Dieb war kurz verwirrt, doch dann nahm er die Kleider dankbar an und ging davon.

Ryōkan sass nun nackt da und betrachtete den Mond. „Dieser arme Kerl," murmelte er vor sich hin. „Ach, wäre es doch schön, wenn ich dem jungen Mann diesen Mond hätte schenken können, anstatt nur meine Kleider."

6. Dir fehlt nichts

Ein Hilfesuchender kam zum Meister Dàoxìn 道信 und sagte: „Bitte helft mir."

Dàoxìn fragte ihn: „Was fehlt dir denn?"

Der Suchende überlegte kurz und antwortete: „Diese Frage ist zu schwierig. Bitte helft mir."

Dàoxìn erwiderte: „Dir fehlt nichts."

Der Hilfesuchende war enttäuscht und verliess Dàoxìn. Er dachte für sich: „Was für ein schlechter Meister, dass selbst Hilfesuchende zu ihm kommen und keine Hilfe erhalten."

Kommentar:
Wie soll dir jemand helfen, wenn du nicht einmal selber weisst, was dein Problem ist?
> 10.2021 <

7. Wén Sānshèng ein Schüler trifft

Eines Tages, als er mit seinen Mönchen sprach,
sagte Wén Sānshèng 文三圣 :
„Wenn ein Schüler kommt, gehe ich hinaus, um ihn
zu treffen, doch ohne die Absicht ihm zu helfen."

Sein Bruder Xìng Huá 兴化 hörte diese Aussage
und erwiderte: „Wenn ein Schüler kommt, gehe ich
nicht immer hinaus, um ihn zu treffen, doch wenn
ich es tue, werde ich ihm sicher helfen."

Kommentar:
Der Ursprung beider Aussagen ist im Kern gleich,
auch wenn die Ausführung unterschiedlich ist.
>11.2021<

8. Yang Shan und die Million Dinge

Yángshān 仰山 fragte einmal Guīshān 潙山: „Was würdest du tun, wenn eine Million Dinge auf dich zukommen?"

Guīshān antwortete: „So wie ein grüner Gegenstand nicht gelb ist und ein langer Gegenstand nicht kurz ist, so verwaltet doch jedes Ding sein eigenes Schicksal. Warum sollte ich mich in diese einmischen?"

Yángshān verbeugte sich.

Kommentar:
Guīshān betont hier, dass man Gelassenheit und Vertrauen üben soll, da alles seinen natürlichen Lauf hat. Yángshān bestätigt dies mit tiefer Anerkennung und Akzeptanz, in einer Verbeugung.
> 8.2024 <

9. Dàowú's grösste Tiefe

Dàowú 道吾 war gerade in tiefster Meditation versunken, als ein Mönch zu ihm kam, um eine Frage zu stellen. Ohne zu zögern, trat der Mönch vor Dàowú und fragte ihn: „Was ist die grösste Tiefe, das Geheimnis des Unterrichtens?"

Dàowú kehrte aus seiner Versenkung zurück, kniete nieder und sprach: „Du hast eine so lange Reise auf dich genommen, und doch kann ich dir keine Antwort geben."

Kommentar:
Nach einer so langen Reise hat der Mönch keine Geduld und ist hastig, statt sich einfach hinzusetzen und ebenfalls zu meditieren.
> 1.2022<

Dàowú zeigt, dass einige Fragen keine direkten Antworten haben. Es gibt Situationen, in denen das „Nicht-Antworten" selbst die Antwort ist. Im Chán geht es oft darum, zu erkennen, dass manche Wahrheiten jenseits der Sprache liegen. Die Tatsache, dass Dàowú sich niederkniet und keine Antwort gibt, könnte auch eine stille Lehre darüber sein, dass wahre Einsicht nicht in intellektuellen Antworten liegen, sondern in der Erfahrung der Leere Wú 无 selbst liegt.
> 8.2024<

10. Glück oder Unglück – Wer weiss das schon!

Ein alter Mann und sein Sohn lebten auf ihrem kleinen Hof. Sie hatten einen Wasserbüffel, der den Pflug zog, um ihr Feld zu bestellen. Eines Tages lief der Wasserbüffel davon. Der Nachbar kam und sagte: „Ach, wie schrecklich um den Büffel, welch ein Unglück!"

„Wer weiss schon, ob es Glück oder Unglück ist," erwiderte der alte Mann.

Einige Zeit später kam der Wasserbüffel zurück und brachte zwei weitere Büffel mit sich. Der Nachbar sah dies und sprach: „Welch ein Glück, dass ihr jetzt gleich drei Wasserbüffel habt!" „Glück oder Unglück? Wer weiss das schon," sagte der alte Mann.

Am nächsten Morgen wollte der Sohn einen der Wasserbüffel zähmen, doch er stürzte unglücklich und brach sich das Bein. „Oh nein, wie schrecklich, welch ein Unglück!" rief der Nachbar entsetzt. Der alte Mann erwiderte wieder: „Glück oder Unglück, wir werden sehen."

Eine Woche später kamen Soldaten ins Dorf und zogen alle jungen Männer für den Krieg ein, doch der Sohn blieb als einziger verschont, da er mit seiner Verletzung nicht laufen konnte. Der Nachbar schaute zum alten Mann hinüber, und dieser zuckte nur mit den Schultern. Doch in Gedanken war es klar: Glück oder Unglück – wer weiss das schon!

Indien 2010

11. Ein Sila brechen

Ein Wandermönch ging umher und traf plötzlich auf Māra.

Māra sprach: „Sei gegrüsst Mönch, möchtest du einen Wunsch frei haben?"

Der Wandermönch antwortete: „Nein, brauche ich nicht."

„Doch, du könntest vielen selbstlos helfen mit nur einem Wunsch", erwiderte Māra und fuhr fort: „Du musst lediglich ein Sila brechen."

Der Mönch überlegte und dachte: „Wenn ich so viel Gutes tun kann, mit nur einer kleinen Sünde, die niemandem schadet, sollte dies doch in Ordnung gehen".

So sagte er Māra zu und ging in das nächste Wirtshaus.

Innerlich lachte der Mönch und dachte: „Nur ein Glas Reiswein und ich kann heute so vielen helfen."
Angekommen ssetzte er sich draussen hin und trank ein Glas, und da kam schon jemand vorbei und sagte: „Was, du als Mönch trinkst Alkohol!!! Dann musst du aber sicher auch ein Glas mit mir nehmen, denn dies wäre für mich eine Ehre und du würdest mich glücklich machen." Der Mönch sah in seine Augen und erkannte, wie viel Freude es ihm bereiten würde und erhob so das Glas zum zweiten Mal. Da kamen weitere dazu und wollten auch mitmachen.

Der Mönch dachte, es macht ja jetzt keinen Unterschied mehr, da ich das Sila gebrochen habe und trank noch mehr Reiswein. Die Zeit verging, die

Nacht brach herein und alle wollten nach Hause.
Eine wunderschöne Frau sprach zum Mönch:
„Kannst du mich Heim begleiten, denn ich habe
Angst alleine auf dem Weg. Der Mönch antwortete:
„Hicks. auf jeden Fall, lass uns gehen."
Auf dem Weg sagte die Frau: „Schau den Vollmond
an und diesen schönen See, lass uns Baden gehen."
Sie entblösste sich und sprang ins Wasser hinein.
Der Mönch dachte dass er ja auch wieder einmal
baden muss und ging ihr nach ins kalte Gewässer.
Das Mondlicht erhellte ihr Körper so wunderbar. Sie
trat zu ihm heran, und er konnte der süssen
Versuchung nicht widerstehen. So vereinigten sie
sich im Liebesakt und lagen da am Uferrand.
Sie wurde hungrig und sprach: „Ach so ein
Hühnerschenkel wäre wunderbar."
Voller Gefühle sagte der Mönch: „Ich hole uns was
zu essen."
Da es doch mitten in der Nacht war, gab es nicht
viele Möglichkeiten.
Noch vom Wein berauscht ging er umher und sah
einen Hühnerstall.
So sprang er über den Zaun und gleich auf ein Huhn
und drehte ihm den Hals um, machte ein Feuer und
grillte es. Erbrachte das gegrillte Huhn zur Frau und
sie assen es.
Die Frau fragte beim Essen: „Von wo hast du den
das Huhn um diese Zeit?"
Er antwortete nur: „Das lief frei herum." Mit vollem
Magen schliefen sie ein.

Am nächsten Morgen erwachte der Mönch mit brummendem Schädel ganz alleine am See. Ein Notiz lag da: „Musste los, da mein Mann und meine Kinder warten."

Noch benebelt, sass er da und dachte, was habe ich alles getan?!

Er hörte, wie Schritte sich nähern und eine Stimme sagt:

„Guten Morgen, Herr Mönch, hatten sie gestern einen guten Tag?"

„ Māra bist du das?" fragte der Mönch. „Ich will jetzt meinen Wunsch."

Doch Māra lachte nur und lief davon mit letzten Worten:

„Ich sagte stets, nur ein Sila. Nicht alle... hahaha...!"

Kommetar:
Diese Geschichte ist wunderbar darin, zu zeigen, wie eines zum anderen führt, wenn man sich auf Abwege seines Weges begibt. Sie verdeutlicht auch, wie listig und clever Māra in der Verführung ist.
>1.2022<

12. Theorie oder Praxis

Wēizhēn lief in den Wudangberge umher und traf auf dem Weg nach oben ein Chen-Taiji Schüler. Der Chen-Schüler ist Chinese und spricht gut Englisch. Er war hier, um am Wochenende den Berg zu besichtigen.

Als die zwei weiter oben in einem Tempel ankamen, machten sie Rast und Wēizhēn übte sich kurz im Taijiquan. Da kam ein daoistischer Mönch daher und fing an mit ihm zu sprechen, da sein Chinesisch zu begrenzt war fing der Chen-Schüler mit dem Mönch zu reden und zu übersetzen. So sprachen sie über das Leben und das Praktizieren.

So stellte der daoistische Mönch nach einer Weile dem Chen-Schüler eine Frage:

„ Was kommt als erstes? Die Theorie oder die Praxis?"

Der Chen-Schüler überlegte kurz:

„ Wie ein Buch lesen (Theorie) oder Praktizieren (üben)?"

„ Mh." Der Chen-Student erwiderte: „ Theorie".

Der Mönch schaute in an und bedanke sich für das Gespräch und sagte: "Für heute ist genug Austausch geschehen." Er stand auf und ging.

Der Chen Schüler übersetzte ganz perplex Wēizhēn die Frage und seine Antwort.

Wēizhēn bekam ein Lächeln und sagte: "Dann lass uns auch einmal weitergehen."
> *Erlebnis von Daomonk -* Wēizhēn *4.2015* <

China-Wudangshan 2015

13. Lord Dummkopf

Ein Lord suchte nach einem Chán-Lehrer und lud so zwei Chán-Lehrer ein.

Vor dem Palast des Herrn trafen sich die zwei Chán-Lehrer Daigu und Gudo.

Kaum ein Wort gesprochen, wurden sie schon zum Herrn gerufen und in den Saal gebeten.

Gudo ergriff als erstes die Gelegenheit und sprach zum Herrn: „Ihr seid ein weiser Lord und habt die natürliche Begabung Chán zu lernen."

„ So ein Unsinn," sagte Daigu „Gudo, wieso schmeichelst du diesem Dummkopf? Nur weil er ein hoher Herr ist, hat er noch lange keine Ahnung von Chán."

Der Lord liess ein Tempel für Daigu bauen und lernte von ihm Chán.

14. Der wahrhaftige Weg

Ninakawa lag im Sterben und der Chán Meister Ikkyu besuchte ihn noch ein letztes Mal.

„Soll ich dir den Weg weisen?" fragte Ikkyu.

Ninakawa antwortete: „Ich kam alleine und werde auch wieder alleine gehen, wie könntest du mir da schon helfen?".

„Wenn du immer noch glaubst, dass du kommst und gehst, so lass mich dir den Weg weisen, wo es kein kommen und gehen mehr gibt. Sonst, wirst du in dieser eigenen Täuschung noch ewig verweilen."

Ninakawa schaute zu Ikkyu und fing an zu lächeln, schloss die Augen und ging aus diesem Leben.

15. Einen Apfel pflücken

Ein Schüler suchte seinen Meister auf, um in folgende Frage zu stellen: „Was ist der Sinn des Lebens?"

Der Meister antwortete: „Geh nach draussen und pflücke einen Apfel vom Baum."

So machte sich der Schüler auf den Weg und pflückte einen Apfel, zugleich überlegte er, was es damit auf sich hat. Er kehrte zum Meister zurück und antwortete: „Dass ich einen Apfel pflücken muss um zu essen."

Der Meister nickte und sprach: „Genau das ist es, was das Leben ist." Immer eine Aufgabe nach der anderen zu erfüllen, ohne nach dem tieferen Sinn zu suchen."

16. Chán- Bewusstsein

Der Schüler fragte den Meister: „Wie erreiche ich das Chán-Bewusstsein?"

Der Meister anwortete: „Es gibt keinen direkten Weg oder irgendwelche Abkürzungen, um das Chán-Bewusstsein zu erreichen. Höre auf danach zu suchen und es wird sich selbst finden."

Tuschmalerei 2024

17. Der Mann der niemals umkehrte

Gudo war des Kaisers Lehrer in dieser Zeit.

Während dieser Zeit wanderte er umher.

Er war auf dem Weg nach Edo dem politischem Zentrum des Shogunats.

Er erreichte ein kleines Dorf namens Takenaka.

Die Nacht brach herein mit einem starken Regen.

Der Regen hatte Gudo so durchnässt, dass sich seine Strohsandalen aufgelöst hatten, doch da sah er bei einem Bauernhaus 7 Sandalen und dachte, er könnte ja einige trockene kaufen.

Eine Frau öffnete die Tür und sah wie durchnässt er war und bot ihm einen Platz für die Nacht an.

Gudo nahm das Angebot dankend an und trat ein.

Er erkundigte sich nach dem Schrein und zollte Respekt. Danach wurde er den Kinder und der Mutter vorgestellt. Da merkte Gudo, dass die ganze Familie sehr bedrückt war und fragte: „Was bedrückt euch den so?"

Die Frau antwortete: „Mein Ehemann ist ein Trinker und Glücksspiel süchtig. Wenn er gewinnt, trinkt er mehr und wird missbräuchlich. Doch wenn er verliert, borgt er Geld aus und wird hässig und gewaltvoll. Das Schlimmste ist, wenn er zu viel hatte. Dann kommt er gar nicht nach Hause und wir sind in Sorge. „ Was kann ich nur tun, Meister Gudo?" „Ich werde ihm helfen" ,sagte Gudo. „Besorge mir einen Wein und etwas gutes zu Essen. Lege es hier hin und ziehe dich zurück."

Gudo setzte sich meditierend vor den Schrein.

Der Ehemann kam um Mitternacht betrunken nach Hause und schrie „Frau !!! Ich hab Hunger!!! Hast du mir was zu Essen…?" „Ich habe etwas für dich", sagte Gudo. „Der Regen hatte mich heute überrascht und deine Ehefrau bat mich herein. So hab ich als Dank Wein und Essen gekauft. Setz dich doch hin und geniesse das Essen." Der Ehemann setzte sich trank und frass, bis er umfiel und schlief.

Gudo setzte sich in Meditation daneben.

Als der Ehemann erwachte, konnte er sich an nichts mehr erinnern. Er sah Gudo neben sich und fragte: „Wer bist du und woher kommst du?"

Gudo kehrte von der Versenkung, der Meditation zurück und sprach: „Ich bin Gudo von Kyoto und ich werde nach Edo gehen." Der Ehemann war beschämt und entschuldigte sich bei dem Chán-Meister vom Kaiser.

Gudo lächelte und sagte „Alles im Leben ist nicht für immer und so ist auch das Leben kurz. Wenn du nur trinkst und spielst im Leben, kannst du nichts anderes erreichen. Zudem leidet so deine Familie."

Die Wahrnehmung des Ehemann veränderte sich, wie wenn er von einem schlechten Traum erwachte. So sprach er zu Gudo: „Du hast völlig recht. Wie kann ich dir jemals danken für diese wunderbare Belehrung? Bitte lasst mich euch noch ein Stück begleiten und ihre Sachen tragen." „Wie du möchtest." sprach Gudo.

So gingen sie los und nach drei Kilometer, bat Gudo den Ehemann umzukehren, doch der Ehemann bat um noch fünf weitere Kilometer. Gudo sprach nach dem achten Kilometer „So, kehre jetzt zurück." „Bitte nur noch zehn Kilometer mehr." sprach der Ehemann. Nach zehn Kilometern sprach Gudo: „So, kehre jetzt zurück." „Ich werde dir den Rest meines Leben folgen." sagte der Ehemann.

Moderne Chán-Lehrer in Japan kommen von einem bekannten Chán-Meister und Hauptschüler von Gudo.

Sein Name war Munan – der Mann der niemals Umkehrte.

18. Der Regen

Ein Chán-Meister und sein Schüler wanderten umher, als es plötzlich anfing zu regnen.

Der Schüler war besorgt und fragte: „Meister, was sollen wir tun?"

Der Regen wurde immer stärker und so betonte der Schüler nochmals: „Wie können wir uns schützen?"

Der Meister antwortete: „Wir lassen uns einfach nass werden".

Der Schüler konnte es nicht nachvollziehen und sagte: „Aber Meister, gibt es denn hier keine Hütte, Tempel oder Dorf in der Nähe, in der wir einen Unterschlupf suchen könnten?"

Der Meister erwiderte: „Wir können uns vom Regen schützen, indem wir uns nass werden lassen, denn wenn wir dagegen ankämpfen, werden wir nur unglücklicher. So stellen wir uns der Situation und nehmen es wie ist, um so Frieden zu finden".

19. Schüsseln waschen um Chán zu verstehen

Ein Schüler hat fertig gegessen und fragt seinen Meister: „Meister, was ist der Weg des Chán?"

Der Meister antwortet: „Geh und wasche deine Schüsseln."

Der Schüler schaut verwirrt und geht zum Brunnen, um seine Schüsseln zu waschen. Während er die Schüssel wäscht, beginnt er zu verstehen. Genau die einfachen Dinge des Alltags, die man oft so nebenbei macht, sollte man mit vollem Bewusstsein und Hingabe zu tun.

So kehrt er zu seinem Meister zurück und sagt: „Jetzt verstehe ich, dass Chán darin besteht, dies in der täglichen Routine zu finden."

Der Meister lächelt und spricht: „Genau das ist der Weg. Denn alles, was du tust, kann zum Weg des Chán werden, wenn du es mit vollem Bewusstsein und Hingabe tust und vor allem in den täglichen kleinen Aufgaben."

20. Die endlose Suche nach der Wahrheit – Lǎozǐ

Ein Schüler bat Lǎozǐ um Rat und fragte ihn: „Meister, wie kann ich die Wahrheit erlangen?"

Lǎozǐ antwortete: „Die Wahrheit kann man nicht erlangen, sondern nur erkennen. So hör auf zu suchen".

Der Schüler war noch nicht zufrieden und fragte weiter: „Aber wie kann ich denn aufhören sie zu suchen, wenn ich sie überhaupt nicht kenne?"

„Wenn du sie suchst, wirst du sie niemals finden. Wenn du wirklich aufhörst sie zu suchen, so kannst du sie in allem erkennen." antwortete Lǎozǐ

Kommentar:
Die Wahrheit ist immer da, wir müssen sie nur Erkennen. Oft können wir den Wald vor lauter Bäumen nicht sehen. Lassen wir los, können wir mehr erkennen und sehen. Das Suchen ohne suchen ist das Erkennen im Sein.
>1.2023<

21. Lernen wie man still wird

Die Schüler der Tendai-Schule lernten Meditation, bevor Chán nach Japan kam. Vier von ihnen waren enge Freunde und dachten: „Wir können doch einen Schweige-Rückzug von sieben Tagen machen."

So versprachen sich die vier, dass sie für sieben Tage das Schweigen bewahren. Der erste Tag verlief wunderbar. Alle waren in Stille und hatten wunderbare Meditationen, doch als die Nacht hereinbrach und die Öllampe trüb wurde, konnte sich der erste nicht zurückhalten und rief „Wer hat den Öllampendienst, der soll mal nachschauen!"

Der Zweite war so überrascht den Ersten sprechen zu hören, dass er gleich erwiderte: „Wir sollten doch kein Wort sprechen?" „Haha, ihr seit beide dumm, warum redet ihr?" sagte lachend der Dritte.

So stellte der Vierte fest, dass er der Einzige ist, der nicht gesprochen hat.

Kommentar:
Oft haben wir Gewohnheiten in uns, die uns gar nicht mehr bewusst sind. Und so sind dann auch einfache Dinge schwer.
> 8.2022 <

49

22. Das Handeln des Verweilens

Es war früher Brauch, dass jeder Wandermönch in einem Kloster verweilen kann, wenn er eine Diskussion über Buddhismus führt und diese gewinnt, doch wenn er verliert, muss er weiterziehen.

Zwei Mönchsbrüder lebten in eine Tempel im nördlichen Teil Japans. Der Ältere wahr gelehrter, der Jüngere war einfältig und hatte nur ein Auge.

Ein Wandermönch kam des Weges und bat darum zu verweilen und forderte sie mit einer Debatte über die tiefe Lehre heraus.

Der ältere Bruder war gerade müde und bat den jüngeren Bruder das Debattieren zu übernehmen, doch sprach er noch: „Doch bitte den Wandermönch, dass das Gespräch schweigend geführt wird." Also ging der jüngere Mönch mit dem Wandermönch zum Teeplatz.

Kurz darauf erhob sich der Wandermönch und wollte sich in schnellen Schritten wieder auf den Weg machen. Er kreuzte gerade noch den älteren Bruder.

Er bedankte sich für den Tee und sprach: „Dein jüngerer Bruder ist genial und hat mich besiegt." Der ältere Bruder war verwundert und bat um Erläuterung des Dialogs. „Nun," erklärte der Reisende: „Zuerst hielt ich einen Finger hoch, für

Buddha den Erleuchteten. Darauf hin hielt dein Bruder zwei Finger hoch, was für Buddha und seine Lehre steht. So hielt ich als Antwort drei Finger hoch für Buddha, seine Lehre und die Anhänger, die in Harmonie leben. Dein Bruder gab mir eine geballte Faust ins Gesicht, die darauf hinwies, dass alle drei einer Verwirklichung entspringen. Somit gewann er und ich verlor das Recht hierzubleiben."

So verliess der Reisende den Tempel. Der jüngere Bruder sprang umher, lief in seinen älteren Bruder hinein und schrie „Wo ist der Kerl?" Der ältere Bruder fragte ihn: „Du hast doch die Debatte gewonnen?" „Nicht im Geringsten und wenn ich den erwische, wird er etwas erleben." erwiderte der jüngere Bruder zornig. Nun wollte der ältere Bruder auch noch seine Sicht des Geschehenen hören: „So erzähl mir bitte was vorgefallen ist."

Darauf holte der jüngere Bruder tief Luft und fing an: „Kaum setzten wir uns hin, hob er einen Finger und beleidigte mich, indem er darauf anspielte, dass ich nur ein Auge habe. Da er ein Fremder ist, wollte ich höflich sein und hielt zwei Finger hoch, um ihm für zwei gesunde Augen zu gratulieren. Doch dieser Kerl hielt dann drei Finger hoch, um zu sagen, dass wir zusammen nur drei Augen hätten. Da wurde ich wütend, doch dieser Kerl stand so schnell auf und ging davon, da er wusste, wie frech er war."

23. Mehr oder weniger meditieren

Ein fleissiger Chán-Schüler ging zu seinem Meister und fragte ihn: „Meister, ich meditiere täglich zwei Stunden. So dachte ich mir, wenn ich meine Meditation auf vier Stunden erhöhe, würden sich meine Fortschritte beschleunigen?"

Der Meister antwortete mit einer Gegenfrage: „Wenn du zwei Boote hast, eines auf der rechten und eines auf der linken Seite deines Körpers angebunden und beide in entgegengesetzte Richtungen ziehen, wirst du dann schneller vorankommen?"

Verwirrt von der Antwort des Meisters, dachte der Schüler nach und erwiderte am nächsten Tag: „Also kommt es nicht darauf an, wieviel ich meditiere?"

Der Meister schaute ihn an und sagte: „Ja, denn es kommt nicht auf die Quantität der Meditationsstunden an, sondern auf die Qualität. Es geht darum, mit welchem Bewusstsein und welcher Tiefe wir während der Meditation sind, denn dies bestimmt deinen wahren Fortschritt in deiner spirituellen Praxis."

24. Der Sprössling

Eines Tages hörte Rasan, dass viele Probleme auf ihn zukommen würden, und begab sich zum Wuwei Tempel, um Meister Wēizhēn aufzusuchen. Als er ihn sah, rief er: „Meister, Meister, ich brauche deine Hilfe. Es werden viele Probleme auf mich zukommen. Wie soll ich so viele Probleme gleichzeitig bewältigen?"

„Weisst du, Rasan", sagte Wēizhēn und fuhr fort, „Sieh diesen zarten Ahornsprossen. Er ist genau wie ein Problem, das gerade beginnt, in deinem Leben zu keimen. Nimm ihn."

Rasan beugte sich vor und zupfte den Sprossen aus der Erde.

Wēizhēn fuhr fort: „Und wenn es nun gerade ein Problem deines Herzens war, das du so leicht zupfen konntest? Wenn du es frühzeitig erkennst und mit deiner Seele handelst, kannst du es leicht lösen, bevor es Wurzeln schlägt."

Dann gingen sie weiter zu einem grossen Ahornbaum.

„Nun, Rasan, stell dir vor, dies ist ein Problem, das in deinem Leben herangewachsen ist, mit starken und festen Wurzeln. Du kannst es nicht einfach herauszupfen wie die Sprosse."

Rasan schaute nachdenklich zum Baum.

Wēizhēn fuhr mit der Belehrung fort: „Hier brauchst du nicht nur Kraft, sondern auch Wissen. Du musst verstehen, wo die Wurzeln liegen und wie der Baum steht, damit du es mit Bedacht und Präzision angehst. In deinem Leben wird es Dinge geben, die du nicht ignorieren solltest, sondern klug und mit Bedacht angehen sollst."

Rasan erkannte die Weisheit seines Meisters und nahm sich vor, nicht nur die kleinen Probleme seines Lebens frühzeitig anzugehen, sondern auch die grösseren mit Bedacht zu behandeln.

25. Die Meeresbrandung

Am Rande eines kleinen Dorfes lebte Takeshi. An einem windigen Tag kam der Schüler Hiroshi zu ihm und sagte: „Ich fühle, wie meine Seele wild und stürmisch ist und keine Ruhe findet, so wie die Brandung des Meeres. Wie kann ich Frieden finden?"

Takeshi lächelte und sagte: „Komm, wir gehen ans Meer."

So liefen sie zusammen zum Ufer, wo die Wellen an die Küste schlugen. Takeshi wies auf das tobende Meer und sagte: „Schau, Hiroshi, dies ist wie deine Seele, wild und unruhig, aufgewühlt von Gedanken und Emotionen."

Hiroshi nickte bejahend und erwiderte: „Aber wie kann ich die Ruhe finden, die unter der Meeresoberfläche existiert?"

Takeshi forderte Hiroshi auf, sich näher hinzusetzen und genau zu beobachten, wie sich die Wellen bewegten. Sie sassen beide schweigend da und beobachteten die Wellen, als plötzlich Hiroshi erkannte, dass zwischen den tobenden Wellen immer wieder ruhigere Momente gab.

Der Meister Takeshi erklärte: „Siehst du es, Hiroshi? Bei genauerem Betrachten des wilden Meeres gibt es auch Stille. Genauso ist es mit deiner Seele. Zwischen den aufgewühlten Gedanken und

Emotionen gibt es auch immer wieder Stille. Lerne diese ruhigen Momente zu erkennen und dehne sie aus. So kann sich die Stille entfalten, wie auch bei Ebbe und Flut das Wechselspiel."

Hiroshi erkannte die Tiefe der Lehre und ging fast täglich zum Meer, um sich dies zu besinnen.

Italien - Toscana 2019

26. Mozi und der Bauer

Eines Tages begegnete Mozi einem Bauer, der gerade dabei war, ein Loch zu graben.

Mozi fragte: „Was machst du hier?"

Der Bauer antwortete: „Ich grabe ein Loch, um eine Falle für Vögel zu machen." Er erzählte Mozi weiter: „Mein Plan ist es, die gefangenen Vögel zu verkaufen, um Geld für meine Familie zu verdienen."

Mozi fragte den Bauern: „Warum fängst du Vögel? Glaubst du nicht, dass sie genauso ein Recht auf Leben und Glück haben wie wir Menschen?"

Der Bauer antwortete: „Aber ich brauche das Geld, um meine Familie zu ernähren."

Mozi lächelte und sagte: „Ich verstehe die Notwendigkeit, aber denke daran, dass es andere Möglichkeiten gibt, deinen Lebensunterhalt zu verdienen, ohne Lebewesen zu verletzen. Wenn wir alle nach den Prinzipien der universellen Liebe und des Nutzens für alle Lebewesen handeln, wird die Welt ein besserer Ort sein, und alles wird sich regeln."

Der Bauer nickte und deckte das Loch wieder zu.

Mozi sagte: „Gehe ins Dorf und frage dort den Bäcker, er sucht noch jemanden."

27. Die Nicht-Ente

Ein Chán-Meister zeigt seinem Schüler eine Ente und fragt: „Ist das dort eine Ente?"

Der Schüler antwortet: „Ja, das ist eine Ente." Der Meister sagt daraufhin: „Nein, das ist keine Ente."

Der Schüler schaut den Chán-Meister verwirrt an und fragt: „Was ist es dann?"

Der Meister antwortet: „Es ist eine Nicht-Ente."

Der Schüler fragte den Meister: „Was ist denn eine Nicht-Ente?"

Der Meister sprach: „Sie existiert unabhängig von unseren Etiketten und Konzepten, sei dir also bewusst, dass die Art und Weise, wie wir Dinge sehen, von unseren Gedanken und Vorstellungen beeinflusst wird."

28. Die Schöpfung verstehen und vergessen zugleich

Ein Schüler stand am Morgen auf und dachte nach der Meditation über die Schöpfung nach. Da kam ihm eine Frage, die er unbedingt dem Meister stellen wollte. Er ging los und suchte den Meister. Als er den Meister fand, fragte er ihn: „Guten Tag, Meister, ich hätte eine Frage an dich. Kann man die Zeit vor der Schöpfung erkennen?"

Der Meister nickte bejahend und sprach: „Man kann sie erkennen, denn es war dieselbe wie unsere Zeit." Bei dieser Antwort nickte auch der Schüler bejahend und antwortete unterstützend: „Aber ja klar, ich verstehe."

Am nächsten Tag wachte der Schüler auf und dachte erneut über die Schöpfung nach. Er war verwirrt. „Meister, Meister", rief der Schüler, als er ihn sah. Er rannte zum Meister hin und fragte ihn: „Guten Tag, Meister, gestern habe ich dir ja eine Frage gestellt, und die Antwort war mir völlig klar. Doch heute verstehe ich sie nicht mehr. Wie kann das sein?"

Der Meister antwortete: „Deine Klarheit gestern kam aus tiefstem Verständnis. Heute hast du das direkte spirituelle Verständnis verloren und die heutige intellektuelle Analyse führt zu nichts."

29. Die Geschichte der Affen und der Bananen

In einem abgelegenen Tempel in den Bergen lebte ein weiser Chán-Meister mit seinen Schülern. Eines Tages gab der Meister seinen Schülern den Auftrag, einen Bund frische Bananen zu holen. Die Schüler kehrten am Nachmittag mit den Bananen zurück. Der Meister sagte: „Danke euch. Jetzt lasst uns die Bananen für unser Abendessen verwenden."

Die Schüler waren jedoch überrascht, als der Meister die Bananen nahm, sie unter einen Baum legte und befahl: „Setzt euch und beobachtet."

Verwirrt beobachteten die Schüler, wie die Affen aus dem Wald kamen, die Bananen nahmen, davon trugen und sie assen. Der Meister sagte: „Das sind eure Gedanken. Jeden Tag sammelt ihr Gedanken und bringt sie in den Tempel. Aber habt ihr jemals darüber nachgedacht, wer die eigentlichen Profiteure sind?"

Die Schüler fingen an, darüber nachzudenken. Der Meister fuhr fort: „Genau das ist es. Oft sammeln wir Gedanken und Sorgen, tragen sie mit uns herum und geben ihnen eine übermässige Bedeutung. Oft sind unsere belastenden Gedanken wie wilde Affen, die in unseren Köpfen herumschwirren. Doch gibt man ihnen Bananen, werden sie ruhig, nehmen die Bananen und gehen wieder. So lasst uns jetzt gemeinsam meditieren und zusehen, wie die Affen unsere Gedanken wegtragen, und wir werden ruhig und gelassen."

China-Zhangjiajie 2018

30. Die andere Seite des Ufers

Ein junger Mönch war als Vagabund auf Reisen, um Erleuchtung zu finden. Da stand er am Ufer eines breiten Flusses, unsicher, wie er den Fluss überqueren sollte.

Nach einer Weile sah er einen älteren Mönch auf der anderen Seite. „Meister", rief der Mönch: „Wie kann ich auf die andere Seite gelangen?" Der ältere Mönch überlegte, schaute den Fluss und den jungen Mönch an und antwortete: „Mein junger Freund, du bist bereits auf der anderen Seite." Die Antwort des Lehrers verwirrte den jungen Mönch zunächst, doch dann erkannte er die Metapher dahinter. Sie stand für die Hindernisse und Illusionen im Leben. Es ging nicht um physische Überquerung, sondern um einen Bewusstseinszustand. Die andere Seite war ein Zustand des Geistes, in dem die Dualität nicht vorhanden ist und Harmonie mit allem herrscht. So verstand der junge Mönch die grosse Wahrheit, nach der er suchte. Sie war bereits in ihm. Man muss es nur erkennen. Oft ist es nur ein kleiner Perspektivenwechsel, und wir können bewusst die Wahrheit sehen.

31. Hungrig nach Dingen

Ein Schüler suchte den Meister Wēizhēn auf und fragte ihn: „Meister, oft werde ich von meinen Begierden überrannt und verzehre mich danach, Dinge zu tun."

Wēizhēn sprach: „Wenn du fastest, hast du ja auch einmal Hunger, wo du dich so nach dem Essen verzehrst, oder?" Der Schüler nickte: „Ja, Meister, das ist so." Wēizhēn fuhr fort: „Und später am Tag hast du dann gar keinen Hunger mehr, obwohl du nicht gegessen hast, oder? Denke mal darüber nach."

Der Schüler überlegte und sagte: „Meister, wenn ich einfach durchhalte, beruhigt es sich von selbst?" „Ja und nein, mein Schüler. Verlagere den Fokus, so wird nur das gefüttert, was du möchtest und auch genährt. Was man füttert, das wächst. Befreie deine Gedanken und mache deine Seele leer", ergänzte Wēizhēn.

Der Schüler war sich noch nicht ganz sicher: „Doch wie kann ich dies am besten verlagern?" Wēizhēn sprach: „Es gibt viele Möglichkeiten. Wechsle den Ort, mach etwas anderes oder lass dich einfach mal ablenken. Oft hilft es zum Beispiel, einen Spaziergang zu machen und irgendwo zu praktizieren. Denke daran, dass es meistens nur eine kurze Ablenkung braucht und schon ist der Fokus verlagert. Lerne dich selbst besser kennen und füge dich in die Natürlichkeit ein."

32. Der Klang einer klatschenden Hand

Der Meister des Kennin-Tempels wurde Stiller Donner Mokurai genannt.

Sein junger Schüler Toyo, der noch ein Kind war, beobachtete, wie die älteren Schüler täglich zum Zimmer des Meisters kamen, um Anleitung in Sanzen zu erhalten. Dieses persönliche Coaching beinhaltete Koans, die dazu dienten, das Wandern der Seele zu stoppen. Auch Toyo wollte Sanzen praktizieren.

So ging er zu Mokurai und fragte ihn, ob er anfangen könne, auch von ihm zu lernen.

Mokurai sagte: „Warte noch eine Weile, du bist noch zu jung." Doch Toyo bestand darauf, er liess sich nicht abbringen. Nach einigen Tagen gab schliesslich Mokurai nach.

Toyo kannte durch das Beobachten den Ablauf und ging am Abend zur festgelegten Zeit zur Schwelle von Mokurais Sanzen-Zimmer. Er schlug den Gong, um seine Anwesenheit zu verkündigen. Toyo verbeugte sich dreimal respektvoll vor der Tür, setzte sich schweigend hin und wartete auf den Meister. Als Mokurai herauskam, sagte er: „Du kannst den Klang von zwei Händen hören, wenn sie zusammen klatschen. Zeige mir jetzt den Klang einer Hand."

Toyo verbeugte sich und ging zurück in sein

Zimmer, um über das Rätsel nachzudenken. Vom Fenster aus hörte er den Gesang von Geishas. „Ah, ich habe es!" verkündete er. Am nächsten Abend ging er zum Meister und sagte: „Ich möchte dir den Klang einer Hand demonstrieren" und begann den Gesang der Geishas zu imitieren. Mokurai lächelte: „Nein, nein, Bub, das ist nicht der Klang einer Hand."

Toyo dachte, dass solcher Gesang störend sein könnte, und zog sich an einen ruhigen Ort zurück, um zu meditieren. „Was kann der Klang einer Hand sein?" dachte Toyo und meditierte für drei Tage, dabei hörte er, wie Wasser vom Dach tropfte. „Das muss es sein", dachte Toyo. Am nächsten Abend ging er zum Meister und sagte: „Ich weiss es jetzt" und ahmte das Tropfen von Wasser nach. „Was ist das?" fragte Mokurai. „Das Geräusch von tropfendem Wasser", erwiderte Toyo. Der Meister sagte: „Ja, doch ist es nicht der Klang einer Hand. Versuche es noch einmal. Geh jetzt und meditiere."

Toyo meditierte weiter und ging auf den Berg, wo er das Rauschen des Windes hörte, doch auch dieser Vorschlag wurde vom Meister abgelehnt.

So ging er in den Wald und hörte den Ruf einer Eule, doch dies war es auch nicht.

Toyo meditierte auf der Wiese und hörte das Zirpen der Zikaden, doch auch dies wurde vom Meister verworfen.

Er meditierte am Fluss und dachte, dies muss es doch sein, doch der Klang des Flusses war es auch nicht.

Nach einer langen Zeit und vielen Versuchen, wie der Klang einer Hand sein könnte, betrat Toyo die wahre Meditation und transzendierte alle Klänge. Es wurde ihm bewusst, was wirklich war.

Erneut ging er zu Mokurai. Mokurai sah Toyo an und fragte: „Was hast du diesmal entdeckt?" „Ich konnte nicht mehr Klänge sammeln, also erreichte ich den klanglosen Klang", antwortete Toyo. Der Meister blickte zu Toyo und sprach: „Wahrhaftig hast du den Klang einer Hand erkannt."

33. Das Wertvollste auf der Welt

Ein Schüler fragte einmal seinen Meister Sozan:
„Was ist das wertvollste Gut auf der Welt?"

Der Meister antwortete bedächtig: „Der Kopf einer
toten Katze."

Verwirrt und neugierig zugleich fragte der Schüler:
„Warum sollte der Kopf einer toten Katze das
Wertvollste auf der Welt sein?"

Sozan erwiderte mit einem leichten Lächeln: „Weil
niemand seinen Preis nennen kann. In der
Undurchsichtigkeit des Wertes liegt seine wahre
Kostbarkeit, jenseits der Massstäbe und
Bewertungen der Welt."

34. Der Heilige Mann

Im ganzen Land verbreitete sich die Kunde von dem weisen heiligen Mann, der in einem kleinen Haus auf dem Berg lebte.

An einem Frühlingstag beschloss Lüyu, die lange und beschwerliche Reise ins Gebirge zu unternehmen, um den heiligen Mann zu sehen. Als er das Haus erreichte, sah er einen alten Mann vor dem Eingang stehen und dachte, dass das wohl der Diener sei.

„Ich möchte gerne den heiligen Mann sehen", sagte Lüyu zum Diener. Der alte Mann begrüsste ihn an der Tür, lächelte und führte ihn ins Haus hinein.

Während der Führung schaute sich Lüyu eifrig im Haus um, in Erwartung seiner Begegnung mit dem Heiligen Mann. Doch eher als er es sich versah, wurde er schon zur Hintertür geführt und nach draussen geleitet.

Er blieb erstaunt stehen und wandte sich an den Diener: „Aber ich möchte doch den heiligen Mann sehen!" „Das hast du bereits", sagte der alte Mann. „Jedem, dem du im Leben begegnest, auch wenn er unscheinbar und unbedeutend erscheint, ist ein Heiliger. Betrachte jeden von ihnen als einen Heiligen. Wenn du das aus vollem Herzen tust, dann wird jedes Problem, das du heute hierher gebracht hast, gelöst."

35. Wie ein Fluss - Lǎozǐ

Ein Schüler fragte Lǎozǐ: „Was ist der Weg des Dao?"

Lǎozǐ antwortete: „Der Weg des Dao ist wie ein Fluss. Er fliesst ununterbrochen und durchgehend. Er hat weder feste Form, noch kann man ihn greifen. Du musst den Fluss einfach fliessen lassen und ihn nicht bekämpfen, so wirst du seine wahre Kraft und Schönheit erkennen."

„Doch wie kann ich den Fluss fliessen lassen, wenn ich nicht einmal weiss wo er hinführt?" erwiderte der Schüler.

So ergänzte Lǎozǐ mit folgenden Worten: „Du musst aufhören immer alles zu planen und zu suchen. Vertrau einfach dem Fluss und folge ihm. Er wird dich an deinen Bestimmungsort bringen."

Kommentar:
Das Leben selbst hat seine Bestimmungen für alles und so sollte man sich auch mal auf den Prozess einlassen und im Moment reagieren und das daraus machen was es ist. Kontrolle, ohne zu Kontrollieren und das Dao des Lebens in der Natürlichkeit fliessen lassen.
> 9.2022 <

36. Öffne deine eigene Schatzkammer

Daiju besuchte den Meister Baso in China.

Baso bat ihn herein und sprach: „Was suchst du?"

Daiju sagte: „Erleuchtung."

„Doch du hast ja deine eigene Schatzkammer, warum suchst du ausserhalb?" antwortete Baso.

Daiju war verwirrt und wollte genaueres wissen: „Wo ist meine Schatzkammer?"

Baso sprach: „Das, was du fragst, ist deine Schatzkammer."

Daiju war in diesem Moment erleuchtet.

Danach empfahl er stets seinen Freunden: „Öffnet eure eigene Schatzkammer und benützt diese Schätze."

37. Alles ist das Beste

Eines Tages lief Banzan über einen Markt, als er gerade das Gespräch zwischen einem Metzger und dem Käufer hörte.

Der Käufer sagte: „Gib mir das beste Stück Fleisch, welches du hast."

„Alles in meinem Laden ist das Beste." erwiderte der Metzer und fuhr fort: „Du wirst hier kein einziges Stück Fleisch finden, das nicht das Beste ist!!!"

Bei diesen Worten erlangte Banzan die Erleuchtung.

China-Laoying 2017

38. Der Sinn des Leben – Lǎozǐ

Ein Schüler fragte Lǎozǐ: „Was ist der Sinn des Lebens?"

Lǎozǐ antwortete: „Lebe in Harmonie mit dem Dao, dem natürlichen Fluss des Lebens. Es geht darum, sich selbst vollkommen zu erkennen und sich von Anhaftungen zu befreien. So kannst du die Freiheit die in dir ist, erlangen."

Der Schüler fragte weiter: „Aber wie kann ich mich Selbst erkennen und wie befreie ich mich Anhaftungen?"

„In dem du täglich meditierst und dich in Stille zurückziehst. So kannst du deine Gedanken und Emotionen betrachten und erkennen, um sie so zu reinigen von Unnötigem und sie zur Natürlichkeit wandeln. So lasse die Anhaftungen los und folge dem natürlichen Fluss des Lebens."

39. Was ist Erleuchtung

Der Schüler stellt dem Meister eine einfache Frage: „Was ist Erleuchtung?" und erwartet eine ebenso einfache Antwort.

Doch der Meister reagiert auf unerwartete Weise, indem er dem Schüler eine Gegenfrage stellt: „Wer will das wissen?"

Der Schüler antwortet: „Ich möchte das wissen!"

Der Meister erwidert: „Wer ist denn 'Ich'?"

„Na, ich bin ich, Ihr Schüler", antwortet der Schüler verwirrt.

„Wer bist du denn im grossen Ganzen?", spricht der Meister und geht fort.

Kommentar:
Es geht darum, die eigene Identität zu hinterfragen, um Erkenntnis über das Sein zu erlangen. Dass alles eins ist und man ein Teil des grossen Ganzen ist.
> 4.2023 <

40. Ein Vogel Im Käfig

Ein Vogel war im Käfig gefangen, als Lǎozǐ vorbeikam.

Der Vogel erkannte diese Gelegenheit und fragte Lǎozǐ: „Wie kann ich frei sein, da ich ja gefangen bin in diesem Käfig?"

„Du kannst frei sein, wenn du erkennst, dass der Käfig nur in deinem Verstand existiert", antwortete Lǎozǐ.

Der Vogel überlegte und fragte nochmals nach: „Doch wie kann ich den Käfig in meinem Verstand lösen?"

„Indem du erkennst, dass der Käfig dein Verstand selbst ist, der dich durch Gedanken und Emotionen festhält. Deine Seele wäre frei und ungebunden, doch dein Verstand mit all seinen Vernetzungen der einzelnen Drähte fügt sie zu einem Gitter zusammen, bis sie zu einem ganzen Käfig deiner selbst werden", sprach Lǎozǐ.

41. Angulimala, vom Morden getrieben

Angulimala war ein gefürchteter Räuber und Mörder, der im Wald lebte. Er war darauf aus, seinen Opfern die Ohren abzuschneiden und sie als Trophäen zu sammeln. Mit der Zeit machte er daraus eine Halskette, die er um den Hals trug. Niemand traute sich mehr in den Wald, aus Angst, sein Leben zu verlieren oder verstümmelt zurückzukehren.

Als Buddha durch das nahegelegene Dorf kam, hörte er von Angulimala und entschied sich, ihm zu helfen. Die Leute rieten ihm ab und bangten um sein Leben. Buddha sprach: „Um die Verwirrten zu entwirren, muss man ihnen die Möglichkeit geben, die Verwirrung selbst zu sehen, um sie zu entwirren." und lief in den Wald.

Als Buddha alleine im Wald ankam, spürte er die Anwesenheit von Angulimala hinter sich und blieb ruhig stehen. Angulimala zog sein Schwert und rannte auf Buddha zu, um ihn zu töten, doch er konnte ihn nicht einholen, egal wie schnell er lief. Völlig erschöpft und verwirrt rief er zu Buddha: „Warum kannst du nicht anhalten und rennst ununterbrochen davon?" Buddha antwortete: „Ich bin schon lange zum Stillstand gekommen, doch du selbst rennst immer noch von deiner Vergangenheit getrieben und dem Schrecken, den du verursacht hast, davon. Ich bin frei und habe mich von den Begierden befreit und das Ego gereinigt."

Buddhas Worte drangen in Angulimala ein. Er erkannte, was er angerichtet hatte, und verspürte tiefste Reue für seine Taten. Angulimala kniete nieder und sprach: „Oh geehrter Buddha, bitte, bitte nimm mich als deinen Schüler an!" Buddha antwortete: „Lass alles hinter dir und folge mir auf dem Weg des Friedens."

Kommentar:
Diese Geschichte lehrt uns, dass es nie zu spät ist, den rechtschaffenen Weg einzuschlagen, und dass Menschen sich ändern können, jedoch muss die Veränderung von ihnen selbst kommen.
> 6.2023 <

42. Die perfekte Mauer

Ein Mönch wurde damit beauftragt, eine neue Mauer im Kloster zu bauen. Er bemühte sich sehr, alles perfekt zu machen, aber egal, wie genau er auch arbeitete, war er nie zufrieden. So fand er immer wieder Fehler und Unvollkommenheiten in seiner Mauer. Dadurch wurde er immer frustrierter und wollte sie schon wieder einreissen.

Der Mönch ging zum Mittagessen und als er zurückkam, stand ein Gast vor seiner Mauer.

„Oh, entschuldigen sie, dass sie das sehen müssen. Ich wollte sie gerade wieder einreissen und neu machen", sprach der Mönch zum Gast. Doch der Gast antwortete: „Was für eine schöne Mauer!"

Der Mönch war ganz verwirrt und fragte den Gast: „Die Mauer ist aber nicht perfekt im Vergleich zu den anderen Mauern, denn ich habe doch so viele Fehler gemacht." Mit einem Lächeln erwiderte der Gast: „Genau deshalb ist sie so schön, einzigartig und hat wahren Charakter. Sie ist für ihren Zweck dienlich und durch ihre Fehler noch einzigartiger."

Von da an konnte er die Arbeit mit mehr Gelassenheit verrichten und fand wahre Freude darin.

43. Etwas mitbringen

Yan Yang fragte einmal Zhao Zhou: „Wenn jemand nicht ein einziges Ding mitbringt, was dann?"

Zhao Zhou sagte: „Leg es ab, ein für alle Mal."

Yan Yang schaute Zhao Zhou fragend an und fragte ihn: „Aber wenn er ja kein einziges Ding mitbringt, was soll er denn dann ablegen?"

Zhao Zhou sprach: „Wenn das so ist, dann trage deine Last mit dir fort."

44. Gehen ohne zu gehen

Cao Shan verabschiedete sich von seinem Lehrer Dong Shan.

Dong Shan fragte ihn: „Wohin gehst du?"

Cao Shan erwiderte: „Dorthin, wo es keine Veränderung gibt."

Dong Shan fragte nach: „Wie wäre es denn möglich, dorthin zu gehen, wo es keine Veränderung gibt?"

Cao Shan erklärte: „Mein Gehen ist ebenfalls keine Veränderung."

Jakobsweg 2008

45. Freude überall

Der Schüler fragte seinen Meister: „Wenn ich in der Natur bin, empfinde ich Freude und mir geht es gut. Doch wenn ich in der Stadt bin, habe ich oft Kummer und Sorgen. Was kann ich tun, Meister?"

So sprach der Meister: „Beruhige dein Herz und komm zur Stille."

„Doch wie kann ich dies erreichen?" fragte der Schüler.

Der Meister fuhr fort: „Meditiere, und das überall und zu jeder Zeit. Wenn dein Herz ruhig wird, wird auch deine Seele ruhig. So wird Freude überall einkehren, ob in der Natur oder in der Stadt, denn du bist überall."

46. Die Pforte des Paradieses

An einem Frühlingstag kam ein Samurai Namens Nobushige zu Meister Haikun und fragte ihn: „Gibt es wirklich eine Hölle und ein Paradies?"

Haikun schaute ihn an und fragte ihn: „Wer bist den du?"

„Ich bin ein Samurai", antwortete Nobushige.

„Du ein Samurai?! Welcher Herrscher mag dich wohl zur Schildwache haben? Du siehst eher wie ein Bettler aus", rief Haikun.

Nobushige wurde so wütend, dass er zu seinem Schwert griff, doch Haikun fuhr fort: „Ach sieh einer an, du hast ein Schwert. Doch dies ist wohl viel zu stumpf um mir den Kopf abzuschlagen oder?"

So zog Nobushige sein Schwert.

Haikun schaute in direkt an und sprach: „Hier öffnen sich nun die Pforten der Hölle!"

Bei diesen Worte erkannte Nobushige die Methode des Meisters und verbeugte sich vor ihm.

„Hier öffnen sich die Pforten des Paradieses." sprach Meister Haikun mit einem Lächeln.

47. Noch schnell einen Tee

Der Tag erwachte und die Sonne kam stückweise durch.

„Guten Morgen Wēizhēn, lass uns noch schnell einen Tee trinken", rief Reifa.

Wēizhēn schaute zu ihm rüber und fragte: „Wann möchtest du denn einen Tee trinken?"

„Na jetzt, für zehn Minuten, bevor ich losgehe", antwortete Reifa.

Wēizhēn willigte ein und ging zu ihm hinüber. „Wollen wir hier einen Tee trinken… oder warte, hier ist es doch noch besser. Ich hole das Wasser", sagte Reifa.

Reifa kam mit dem heissen Wasser zurück, schaute wieder umher und ergänzte seine Handlung mit folgenden Worten: „Komm, wir wechseln zum Platz dort oben hin, dort haben wir mehr Sonne."

Wēizhēn schaute ihn fragend an und sprach: „Möchtest du jetzt Tee trinken oder herumlaufen? Zehn Minuten sind kurz, darum entscheide dich, ob du herumlaufen oder Tee trinken möchtest."

48. Der verlorene Sohn

Eines Abends kam ein alleinerziehender Vater nach Hause zurück und fand sein Haus völlig niedergebrannt vor. Voller Entsetzen fragte er sich: „Wo ist mein Sohn?" und rief seinen Namen. Der Vater befürchtete schon das Schlimmste, dass sein Sohn beim Feuer ums Leben gekommen war. Er entdeckte ein verbranntes Kind am Boden, nahm es in die Arme und brach in Tränen aus.

Der Vater kremierte das Kind und trug seine Asche stets bei sich.

Doch der Sohn war im Feuer nicht umgekommen, sondern wurde von Banditen entführt und festgehalten. Nach über einem Jahr konnte sich der Sohn befreien und lief zurück nach Hause, wo nun ein neues Haus stand. Es war schon spät in der Nacht, als der Sohn an die Tür klopfte. Der Vater lag schon im Bett und rief: „Wer ist denn um diese Stunde noch unterwegs?"

Der Sohn rief: „Ich, dein Sohn, Vater, ich bin zurückgekehrt."

Doch der Vater drehte sich im Bett um und rief zurück: „Ich habe keinen Sohn." Enttäuscht machte sich der Sohn wieder auf seinen Weg.

So verlor ein Sohn seinen Vater das erste Mal und der Vater den Sohn das zweite Mal.

Kommentar:

Der Vater war so gefangen in seiner Trauer und in seiner Überzeugung, dass der Sohn im Feuer umgekommen war, dass er den Sohn an diesem Abend zum zweiten Mal verlor. Der Sohn war wiederum verwirrt, als der Mann, sein Vater, im Haus sagte, er habe keinen Sohn. So, dass dieser dachte, der Vater sei wohl weggezogen oder von den Räubern getötet worden.

> 8.2023 <

49. Der Teich der Selbsterkenntnis

Ein Schüler ging zu seinem Gong Fu Meister und sagte: „Meister, ich habe eine Frage. Ich trainiere jeden Tag so hart und das für viele Stunden und Jahre, um der beste Kämpfer zu werden. Doch ich verspüre wenig Fortschritt, zweifle an meinem Potenzial und ob ich dieses jemals ausschöpfen kann, zudem werde ich immer unzufriedener."

Der Meister hörte sich die Beschreibung seines Schülers geduldig an und sprach, als er fertig war: „Komm mit mir, wir gehen zu unserem Teich." Am Teich angekommen, fuhr der Meister fort: „Was siehst du, wenn du in den Teich schaust?"

Der Schüler schaute verwirrt und antwortete: „Ich sehe das klare Wasser, die Fische, die darin schwimmen, die Pflanzen am Uferrand, Frösche…"

Der Meister sprach: „Schau tiefer hinein und sag mir, was du wirklich siehst."

So sah der Schüler noch genauer hin und sagte schliesslich: „Natürlich sehe ich auch mich selbst, mein eigenes Spiegelbild."

Mit einem Lächeln antwortete der Meister: „Genau dieses Sehen, wende es auf dich selbst an. Du suchst Perfektion im Äusseren, nach Wissen und Fähigkeiten, die du im Wǔshù erlangen kannst. Du vergleichst dich im Äusseren mit immer grösseren Kämpfern, doch so kämpfst du nur mit dir selbst.

Wahre Meisterschaft liegt darin, sich selbst zu erkennen und sich im Inneren zu harmonisieren. Erst, wenn du dich selbst verstehst und akzeptierst, wirst du wahres Gong Fu erlangen."

Kommentar:
Oft vergleichen wir uns im Äusseren und vergessen uns selbst, wie können wir so in Einklang kommen? Ist das Innere harmonisiert, so wird es das Äussere harmonisieren, wie die wahre Natur der Natürlichkeit das Innere beruhigt.
> 9.2023 <

China-Wudang 2015

50. Tropfen im Ozean

Ein Schüler fragte seinen Meister: „Meister, was ist das Geheimnis des Lebens?"

Der Meister antwortete: „Stell dir einen Wassertropfen vor, der in den Ozean fällt. Ist er nun getrennt vom Ozean oder wird er eins mit ihm?"

Der Schüler dachte nach und antwortete: „Er wird eins mit dem Ozean."

Der Meister nickte: „So ist das Leben. Jeder von uns ist wie ein Tropfen – deshalb sind wir alle wie ein Teil des Ozeans."

Kommentar:
Diese Geschichte lehrt uns die Verbundenheit aller Lebewesen und die Auflösung des Egos im grossen Ganzen.
> 9.2024 <

51. Das Dao in Allem

Dong Guo Zi ging zu Meister Zhuang Zi und fragte ihn: „Wo ist das, was ihr Dao nennt?"

Zhuang Zi schaute in die Ferne und sprach: „Überall."

„Bitte sagt es mir noch genauer", bat Dong Guo Zi den Meister.

Zhuang Zi schaute zum Boden und sagte: „In dieser Ameise ist es."

Entsetzt sprach Dong Guo Zi: „Was, so niedrig?"

Zhuang Zi zeigte in Richtung Haus: „Auch in diesen irdenen Ziegeln ist es."

Dong Guo Zi konnte es nicht verstehen: „Das ist ja noch schlimmer."

So setzte Zhuang Zi noch einen drauf: „So ist es auch in diesem Kothaufen."

Dong Guo Zi wurde still und der Meister fuhr fort: „Deine Fragen treffen das Wesen des Dao nicht. Du kannst doch nicht nach Beschreibungen bestimmter Dinge fragen. Denn es gibt nichts, in dem es nicht inne wohnt."

52. Die Reise zur inneren Harmonie

In den Weiten des alten Reiches lebte ein weiser Mann. Er wollte stets ein Beispiel der Tugend sein und sehnte sich danach, die Welt um sich herum in Ordnung zu bringen. Also begann er mit seinem Fürstentum.

Doch er erkannte schnell, dass er, um sein Fürstentum in Ordnung zu bringen, zuerst seine Familie harmonisieren musste. Auch dort erkannte er, dass er, um seine Familie zu harmonisieren, zuerst seinen Charakter kultivieren musste.

Doch es gab immer noch Reibereien und Unreinheiten – das Herz ruhte nicht im Frieden. Um vollkommene Klarheit und Reinheit zu erlangen, musste er sein Herz weiter läutern. So zog er sich in die Stille zurück und kultivierte sich so lange, dass sich in der Meditation mit jedem Atemzug alle negativen Gedanken und Gefühle lösten. So wurde das Herz klar wie ein unberührter See.

Seine innere Ruhe und Gelassenheit strahlten so stark aus, dass die Menschen seine Weisheit und Führung suchten. Sie erkannten seine Transformation und versuchten, dasselbe zu tun. Seine Familie und seine Mitmenschen blühten auf und das Fürstentum florierte in harmonischer Ordnung.

53. Die verlorene Axt

Ein Mann verlor seine Axt und betrachtete den Sohn des Nachbarn mit verdächtigen Blicken. Er war überzeugt, dass der Junge sie gestohlen haben musste. Also beobachtete er den Sohn ganz genau und beurteilte dessen Gang: „Natürlich, der Gang eines Axtdiebes!" Als er seine Miene sah, dachte er: „Aha, die Miene eines Axtdiebes!" Als er ihn reden hörte, war er sich sicher: "Zweifellos die Rede eines Axtdiebes."

Nun hatte er keine Zweifel mehr, das Verhalten und die ganze Art des Jungen waren die eines Axtdiebes. „Ich werde ihn zur Rede stellen", dachte der Mann und ging durch seinen Garten in Richtung des Jungen. Während er lief, stolperte er und entdeckte seine eigene Axt wieder in seinem Garten.

Als er aufstand und zum Jungen hinüber schaute, bemerkte er plötzlich, dass dieser einen normalen Gang hatte, seine Miene war normal und er sprach auch normal. Sein Verhalten und seine ganze Art waren definitiv nicht die eines Axtdiebes.

54. Seine Gegner besiegen, ohne sie zu besiegen

Morin war 17 Jahre alt und ging in die Wudang-Berge, um einen Gong Fu Meister zu finden, von dem er lernen konnte. Nach einer Weile traf er auf Wēizhēn, der gerade in den Bergen am Praktizieren war.

Morin sah seine Bewegungen und sagte: „Kann ich von dir lernen?"

Wēizhēn fragte: „Wieso möchtest du denn diese Wudang-Kampfkünste erlernen?"

„Damit ich alle meine Gegner besiegen kann," antwortete Morin.

Wēizhēn sah ihn an und sprach: „Du bist noch so jung und hast schon Gegner, die du besiegen musst?"

Morin nickte bejahend und Wēizhēn fuhr fort: „Ich kann dir einen Weg zeigen, auf dem es immer weniger Gegner gibt, bis sie gar nicht mehr entstehen."

„Doch wie kann das sein? Das Leben ist doch voller Konflikte und Meinungsverschiedenheiten," erwiderte Morin.

„Ach, sind wir nicht oft diejenigen, die die Gegner selbst erschaffen? Was in uns noch Anhaftung findet und greifen kann, zeigt uns nur, was es noch zu reinigen gibt. Mit Dankbarkeit und Demut können wir dies annehmen, Anhaftungen lösen und so das Herz reinigen. Ich kann dir die gleichen Wege zeigen, die ich gehe, zur Tugendhaftigkeit, um Ausgleich zu bringen für unser Selbst und alle Wesen," sprach Wēizhēn.

Morin erkannte die Tiefe der Worte und sagte: „So ist dies ein Weg, auf dem wir mehr erkennen, was kommt und geht?"

Mit einem Lächeln sagte Wēizhēn: „Genau, dies ist ein Weg des Verstehens, um die Einfachheit zu erlangen und so Gegner zu besiegen, indem man aufhört, sie zu erzeugen."

55. Wort und Tat

Ein Schüler prahlte an einem sonnigen Nachmittag vor anderen Schülern mit seinen Erlebnissen, die so unglaublich klangen, wie sie eben auch nur schienen.

Der Meister hörte die Unterhaltung im Vorbeigehen und sprach: „Achte deine Worte wie deine Taten."

Die Schüler schauten den Meister fragend an, und so war dieser schon wieder weg.

Später am Abend traf der Meister den prahlenden Schüler an, der fragte: „Meister, was meinten Sie heute Nachmittag mit dieser Aussage?"

Der Meister fragte den Schüler: „Bist du glücklich und im Einklang?"

„Nun, es geht so. Oft sehne ich mich nach mehr", erwiderte der Schüler.

„Das ist kein Wunder, wenn deine Taten und Worte nicht im Einklang sind und du ständig mit Dingen prahlst, die du nicht kennst, und so Begierden bei dir und anderen förderst", sprach der Meister und fuhr fort: „Der Sinn von Wort und Tat ist es, Einheit zu schaffen. Worte sollen die Taten widerspiegeln, und Taten sollen die Worte bestätigen. Wenn zwischen Worten und Taten eine Kluft besteht, verlieren wir nicht nur das Vertrauen der anderen, sondern auch uns selbst. Hüte deine Worte. Achte deine Taten."

56. Den Steinerne Buddha Einsperren

Ein wandernder Händler trug dreissig Ballen Baumwollware auf seinem Rücken und machte in der heissen Mittagssonne Rast unter einem Baum, neben dem eine majestätische, steinerne Buddha-Statue stand. Erschöpft vom Gewicht seiner Fracht und der Hitze, fiel er in einen tiefen Schlaf. Als er aufwachte, bemerkte er, dass seine Ballen verschwunden waren. Sofort meldete er den Vorfall bei der örtlichen Polizei. Ein Richter namens O-oka wurde mit dem Fall betraut.

Der Richter überlegte und sagte schliesslich: „Es scheint, als hätte dieser steinerne Buddha die Baumwollware gestohlen. Wir erwarten von ihm, über das Wohl der Menschen zu wachen, doch er hat seine heilige Pflicht vernachlässigt. Verhaftet den steinernen Buddha." Die örtliche Polizei verhaftete tatsächlich die Statue und brachte sie vor Gericht. Eine neugierige Menschenmenge folgte der Statue zum Gericht, um zu hören, wie der Richter entscheiden würde.

Richter O-oka wies die aufgeregte Menschenmenge zurecht und sagte: „Wie könnt ihr es wagen, in dieser Art vor Gericht zu erscheinen, zu lachen und zu scherzen? Ihr respektiert das Gericht nicht und seid straffällig. Ihr könntet mit Geldstrafen oder Haftstrafen belegt werden." Die Menschen entschuldigten sich sofort und baten um Vergebung.

Der Richter überlegte und sagte: „Ich könnte Geldstrafen verhängen, aber ich werde Gnade walten lassen. Ihr habt drei Tage Zeit, einen Ballen Baumwollware zum Gericht zu bringen. Wer diese Frist versäumt, wird eingesperrt."

Als die Menschen ihre Strafen zu erfüllen versuchten, erkannte der Händler einen der zurückgebrachten Ballen sofort als seinen eigenen. So wurde der Dieb auf einfache Weise entlarvt. Der Händler erhielt seine Ware zurück, und die Baumwollballen wurden an die rechtmässigen Besitzer zurückgegeben.

China-Shaolinsi 2005

57. Die wahre Stärke des Wudang Gong Fu

Es lebte ein berühmter Gong Fu Meister im Wudang-Gebirge. Eines Tages kam ein junger Mann zu ihm und fragte den Meister: „Meister, ich möchte ein Wǔshù-Experte werden und von ihnen lernen."

Der Meister erkannte den Ehrgeiz in seinen Augen und fragte ihn ruhig: „Warum möchtest du das Wudang Gong Fu lernen?"

Der junge Mann erwiderte: „Ich möchte stark und mächtig sein. Ich will meine Gegner besiegen und Ruhm erlangen."

Der Meister sprach: „Wenn du diese Kampfkünste erlernen möchtest, musst du zuerst verstehen, dass wahre Stärke im Inneren liegt, nicht im Äusseren. Es geht nicht darum, andere zu besiegen, sondern Selbstbeherrschung zu erlangen und eine friedvolle Seele zu entwickeln."

Verwirrt schaute der junge Mann ihn an und fragte: „Aber was ist denn mit all den extremen Bewegungen und Kampftechniken?"

„Die äusseren Bewegungen sind nur ein Teil von allem und lehren uns, mehr Natürlichkeit im Äusseren zu erlangen, der Dualität. Wahre Meisterschaft besteht darin, Balance zu finden, das Herz zu reinigen, die Seele beruhigt sich, umso die Verbindung zum Geist zu schaffen und in Einklang mit dem Universum zu kommen. Darum wird das

Innere wie Äussere kultiviert," sprach der Meister.

Der junge Mann verstand noch nicht alles, liess sich aber auf den Weg ein. Am Anfang war er oft enttäuscht, da er nicht gleich spektakuläre Techniken lernte, doch erkannte er, dass dies der Weg ist, wenn er so werden möchte wie der Meister. Doch im Laufe der Zeit begann er zu verstehen, dass wahre Meisterschaft eine Reise des inneren Wachstums und der Selbsterkenntnis ist.

China-Wudangshan 2017

58. Einen Teemeister ermorden

In Japan während der Tokugawa-Zeit lebte der Kriegerfürst Taiko. Er erlernte die Tee-Zeremonie von dem Tee-Meister Sen No Rikyu, der als Meister der Stille und Klarheit bekannt war.

Der Diener und Krieger von Taiko, namens Kato, missfiel es, dass sein Fürst die Tee-Zeremonie erlernte und sah dies als Vernachlässigung der Staatsangelegenheiten an. Er beschloss, Rikyu zu töten. Deshalb ersuchte Kato um eine private Tee-Zeremonie bei Rikyu und erhielt eine Einladung.

Als Kato auf dem Grundstück des Tee-Meisters ankam, erkannte Rikyu Katos Absichten auf den ersten Blick. Da er in seiner Kunst sehr erfahren war, konnte er Menschen gut einschätzen.

Bevor Kato in die Teehalle trat, sagte Rikyu: „Bitte lege dein Schwert vor der Halle ab, denn dies ist eine Chaonoyu-Zeremonie und steht für Gelassenheit und Frieden."

Kato erwiderte: „Chaonoyu hin oder her, ich bin ein Krieger und trage mein Schwert immer bei mir."

Rikyu nickte und erlaubte ihm, sein Schwert hinein zubringen und einen Tee zu trinken.

Kato setzte sich und legte sein Schwert neben sich ab. Das Wasser köchelte auf dem Holzkohlenfeuer, als Rikyu absichtlich den Kessel umwarf.

Zischender Dampf und Rauch erfüllten den Raum, und Kato erschrak, sprang auf und verliess die Halle.

Dunst und Asche verteilten sich, und Rikyu entschuldigte sich: „Es war mein Fehler. Bitte komm wieder herein und trinke einen Tee. Ich habe dein Schwert verunreinigt, aber ich werde es reinigen und dir zurückgeben."

Kato befand sich in einer heiklen Situation und erkannte, dass der Teemeister viel mehr Verstand hatte, als er dachte.

Er gab seine Pläne auf, den Teemeister zu töten, und setzte sich erneut hin, um Tee zu trinken.

59. Ein Buddha

In Tokio zur Zeit der Meiji-Ära lebten zwei unterschiedliche, berühmte Meister, beide buddhistische Gelehrte. Einer von ihnen war Shingo, ein Lehrer namens Unsho, der die Regeln des Buddha strikt befolgte. Er trank nie berauschende Getränke, ass nie nach elf Uhr morgens und lebte frei von Begierden und Anhaftungen.

Der andere war Professor für Philosophie an der kaiserlichen Universität und hiess Tanzan. Er achtete nie besonders auf diese Regeln. Wenn er Lust hatte zu essen, tat er es, und wenn er Lust hatte zu schlafen, tat er es auch tagsüber.

An einem Tag besuchte Unsho Tanzan, der gerade Wein trank, obwohl es unüblich war, dass Buddhisten berauschende Getränke zu sich nahmen. Tanzan sah Unsho und sagte: „Hallo, Bruder. Komm, geselle dich zu mir und trink ein bisschen Wein."

Unsho antwortete mit Begeisterung: „Ich trinke niemals", Tanzan lachte und sagte: „Haha, wer nicht trinkt, ist kein Mensch."

Unsho schaute verwirrt und fragte: „Meinst du, nur weil ich keinen Wein trinke, kannst du mich als unmenschlich bezeichnen?" Unsho fuhr fort: „Wenn ich nicht menschlich bin, was bin ich dann?"

Tanzan antwortete: „Ein Buddha."

60. Anerkennung des Meisters

Während des Trainings entschuldigte sich ein Schüler bei Meister Wēizhēn: „Es tut mir leid, dass ich nicht schneller lerne."

Wēizhēn sprach: „Es geht nicht darum, wie schnell du vorankommst, sondern um deinen eigenen Einsatz und deine Disziplin."

„Doch möchte ich, dass du zufrieden bist", antwortete der Schüler.

„Zufrieden oder nicht zu sein, liegt in der Verantwortung eines jeden Einzelnen. Es ist in deinem eigenen Interesse und nicht in meinem", sprach Wēizhēn.

Der Schüler horchte auf und sagte: „Hmm, aber sind Sie nicht zufriedener, wenn sie gute Schüler haben, die fleissig kultivieren?"

Wēizhēn antwortete: „Es ist mir gleichgültig, wie viel und wie oft jemand kultiviert. Ich biete lediglich Möglichkeiten zur persönlichen Kultivierung an, und jeder ist für seine eigene Kultivierung verantwortlich. Meine Lehren sind individuell und angepasst an den jeweiligen Moment des Seins." Und er fuhr fort: „Denke immer daran, dass du für dich selbst kultivierst und nicht für andere."

61. Die Abdeckung des Brunnens

Eines Tages begab sich Fanyan zum Brunnen und entfernte dessen Abdeckung. Dabei bemerkte er, dass das Auge der Quelle mit Sand verstopft war.

Er fragte den nächsten Mönch, der zufällig vorbeikam: „Wenn das Wasser die Abdeckung nicht durchdringt, dann ist es der Sand, der sie verstopft. Aber wenn selbst das Auge des Dao die Abdeckung nicht durchdringt, was könnte es dann behindern?"

Der Mönch wusste keine Antwort und zuckte ratlos mit den Schultern.

Daher ergriff Fanyan das Wort an seiner Stelle und sagte: „Die Abdeckung des Auges hindert es."

62. Der härteste Stein der Welt

Der Meister fragte den Schüler: „Welches ist der härteste Stein der Welt?"

Nach zwei Wochen brachte der Schüler einen Flussstein. Der Meister schaute ihn an und sprach: „Nicht so ein Stein."

So überlegte der Schüler weiter und brachte nach einem Monat einen Granitstein. „Auch nicht so einen Stein", sprach der Meister.

Der Schüler kam nach drei Monaten ohne Stein zurück und fragte den Meister: „Es geht nicht um den Stein, aber bitte helfen Sie mir bei der Erkenntnis, Meister."

Der Meister erkannte die Entschlossenheit des Schülers und sprach: „Ausnahmsweise werde ich es dir verraten. Es ist die Entschlossenheit in deinem Herzen. Auf diese Weise wird dein Wille im Innersten niemals bröckeln."

63. Der junge Vagabund

Ein junger Mann entschied sich, Vagabund zu werden und wanderte durch dichte Wälder, über hohe Berge und durch endlose Wiesen. Er traf auf viele Menschen, die ihm von ihren Abenteuern und Weisheiten erzählten.

Eines Tages traf er einen alten Wanderer, der seit unzähligen Jahren auf den Pfaden der Welt unterwegs war. Der junge Mann fragte den Alten nach seinem Geheimnis für ein erfülltes Leben als Vagabund.

Der alte Wanderer lächelte und sagte: „Mein Geheimnis ist einfach – ich gehe, ohne zu gehen. Wenn ich laufe, dann laufe ich nicht, sondern der Weg selbst geht. Jeder Schritt ist meditativ, jeder Atemzug ist eine Verbindung mit der Natur. Ich lasse all meine Gedanken wie Wolken vorüberziehen und finde Ruhe im gleichmässigen Gehen."

Der junge Mann war beeindruckt und nahm seine Weisheit zu Herzen. Ab jetzt wanderte er weiter, aber diesmal mit einer ungetrübten Seele und einem klaren Herzen. Er spürte die Erde unter seinen Füssen, den Wind in seinem Haar und die Sonne auf seiner Haut. Jeder Moment wurde wahrhaftig, und jeder Schritt wurde zu einem Ausdruck seiner Dankbarkeit für das Leben.

So zog der junge Wanderer weiter, doch nicht mehr auf der Suche nach einem Ziel, sondern erkannte das Wahre. So fand er nicht nur die Welt um sich herum, wenn er wanderte, sondern auch sich selbst.

Wudangshan 2016

64. Der Geschäftsmann und der Fischer

Ein wohlhabender Geschäftsmann kam an einem kleinen Fischerdorf vorbei. Als er an der Küste spazieren ging, sah er einen Fischer in einem kleinen Boot sitzen und fröhlich Fische fangen.

Der Geschäftsmann sprach zum Fischer: „Warum fängst du nicht mehr Fische, um mehr Geld zu verdienen? Dann könntest du ein grösseres Boot kaufen, noch mehr Fische fangen und somit noch mehr Geld verdienen. Mit der Zeit könntest du sogar Angestellte haben oder sogar eine ganze Flotte besitzen und ein wohlhabender Mann werden!"

Der Fischer lächelte und antwortete: „Aber warum sollte ich das tun? Ich bin glücklich mit dem, was ich habe. Ich verbringe Zeit mit meiner Familie und Freunden, gehe angeln, geniesse die Sonne und die Natur. Ich habe genug, um zufrieden zu sein."

Der Geschäftsmann war verwirrt und sagte: „Aber denk doch an die Möglichkeiten! Du könntest so viel mehr erreichen, wenn du nur mehr arbeiten würdest."

Der Fischer schaute ihn an und antwortete ruhig: „Aber warum sollte ich das tun? Ich habe bereits alles, was ich brauche, um glücklich zu sein. Ich geniesse das Leben, wie es ist, und das ist für mich genug."

Der Geschäftsmann schaute ihn an und fragte nach:

„Aber ist es nicht ein stetiger Kampf ums Überleben mit so wenig?"

Der Fischer lächelte. „Sicherheit ist eine Illusion, doch die Frage ist eher: Seid ihr glücklich mit eurem nicht endenden Verlangen nach mehr?"

Der Geschäftsmann überlegte und verstand die Worte des Fischers. Er erkannte, dass Glück nicht unbedingt mit Reichtum und Besitz verbunden ist und auch keine Sicherheit bietet in der Gesamtheit. Er verliess das Fischerdorf mit einem neuen Verständnis für das, was im Leben wirklich zählt.

65. Wie helfen sie Menschen?

An einem gesellschaftlichen Ereignis traf ein Psychiater auf einen Chán-Meister und konnte seine Neugier nicht zurückhalten. „Wie genau helfen Sie den Menschen?" fragte er.

Der Meister antwortete ruhig: „Ich bringe sie dahin, dass sie keine Fragen mehr stellen können."

In diesem Moment der Stille fügte er hinzu: „Indem ich ihnen zeige, dass die wahre Antwort oft in der Stille liegt, im Moment zwischen den Fragen, und dass die absolute Wahrheit oft im Nicht-Gesagten erfahren wird."

66. Eine Pfütze voller Tränen

Irgendwo im tiefen Wald, in der Stille der Natur, sass ein Mönch in tiefster Meditation. Seit Jahren suchte er schon die Erleuchtung, doch sein Geist war immer noch wild und unbändig wie ein Fluss.

An einem leicht regnerischen Tag kam ein Wandermönch vorbei, der Unterschlupf in der Höhle des Mönches suchte. Der Wandermönch setzte sich neben ihn und bemerkte die Unruhe des Mönches, so fragte er zugleich: „Was suchst du so intensiv in der Stille des Waldes?"

Der Mönch begrüsste ihn mit einem leichten Nicken und sprach: „Ich suche Erleuchtung und folge den Lehren Buddhas, ach… doch scheinen sie mir oft ferner als nah."

Der Wandermönch schaute ihn lächelnd an und antwortete: „Lass mir dir eine Geschichte erzählen, die der Buddha selbst einst lernte."

Daraufhin erzählte er die Geschichte.

Es war einmal ein Mann, der in einer dunklen Nacht einen Schatz im Wald verloren hatte. Tag und Nacht suchte er den Schatz, grub jeden Zentimeter um, doch konnte er ihn nicht finden. Voller Erschöpfung liess er sich weinend nieder. In diesem Moment kreuzte ein alter Weiser den Weg, der ihn fragte: „Warum weinst du?"

Der Mann antwortete: „Geehrter Weiser, ich habe einen wertvollen Schatz verloren und trotz meiner ganzen Bemühungen kann ich ihn nicht wiederfinden."

Der alte Weise schenkte ihm ein Lächeln und sprach: „Doch der wahre Schatz, den du suchst, war ja stets bei dir. Schau in die klare Pfütze deiner Tränen vor dir."

Als der Mann sich selbst in der Pfütze erkennen konnte, sah er, dass der Schatz seine eigene Natur war – rein, leuchtend und unberührt von der Welt.

Der Wandermönch schaute zum Mönch hin und sprach: „Hör auf draussen zu suchen und erkenne, was bereits in dir ist. Die Erleuchtung ist nicht das Ziel, sondern das Verstehen deiner wahren Buddha-Natur."

So stand der Wandermönch wieder auf und ging davon, und die Wolken lösten sich auf, so sah der Mönch dieses Geschehen mit dem Nachklang der Geschichte. In dem Moment lösten sich auch die Wolken in seinem Herzen auf, und klare Verbundenheit mit der Buddha-Natur kehrte ein.

67. Die Suche nach dem Wahrhaftigen

Es war einmal ein Junge namens Mihu, der sich von Superhelden, Meistern, Gelehrten, Eremiten, Gurus und Kriegern inspirieren liess.

Ob real oder fiktiv, ob lebend oder längst verstorben, spielte keine Rolle, denn er war bereit, den beschwerlichen Weg zu betreten, im Hinterkopf das Bild vom perfekten, traditionellen Meister – einem sogenannten Wahrhaftigen, wie Buddha, Lǎozǐ, Lǚ Dòngbīn 吕洞宾 und zugleich, was dies alles beinhaltet.

So machte er sich auf die Reise in die Welt, um diese zu treffen und die mystischen Orte zu entdecken. Er ging nach Indien in Ashram, nach China in Klöster und Schulen, auf Pilgerwege… Doch traf er niemanden, wie er sich vorgestellt hatte, wie wahrhaftige Kultivierende sind. Es waren viele dabei mit grandiosen Fähigkeiten, doch nicht allumfassend.

In diesem Moment erkannte er, dass er selbst zu dem werden musste, was er in der Welt suchte. Alle Stücke zusammenführen und zu dem werden, was einen Wahrhaftigen ausmacht. Der Weg wird lang sein, doch auch unendlich.

68. Der Pfirsichstein und der Kern der Weisheit

Ein Gelehrter kehrte in eine Einsiedelei ein, in der er einen Eremiten traf.

Er fragte den Eremiten: „Was macht die Unsterblichkeit aus und wie erlange ich sie?"

Der Eremit antwortete: „Bleib hier und erkenne sie selbst."

Der Gelehrte erwiderte: „Aber ich habe nicht so viel Zeit wie du, um hier zu verweilen."

Da lachte der Eremit, gab ihm einen Pfirsichstein, auf dem das Zeichen für Unsterblichkeit war, und sagte: „Da! Schliesse deine Hand."

Dann fuhr er lachend fort: „Jetzt hast du den ganzen Daoismus im Griff!"

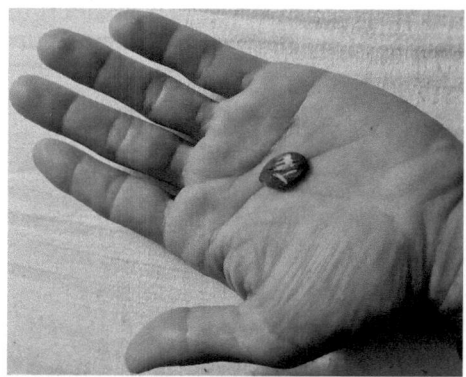

Spanien-El Hierro 2023

69. Die Pflege des Erlangten

Ein Schüler sass im Lotussitz, als er seinen Meister
Lu Jiuyuan erblickte, und rief: „Meister, Meister, ich
habe eine Frage!" und sprang zu Meister Lu hin.

Lu schaute ihn an und sagte: „So lass mich deine
Frage wissen."

Der Schüler fragte: „Wenn ich Weisheit erlangt
habe, kann ich mich zur Ruhe setzen, oder?"

Meister Lu schaute mit ernstem Blick zu ihm und
sprach: „Um etwas echt und am Leben zu erhalten,
muss man es pflegen. Wie ein Eisenstück, das stets
bearbeitet wird, um es scharf und dauerhaft zu
machen. Ein Fluss, in den kein neues Wasser fliesst,
ist tot. Ein Baum, der nicht mehr wächst, ist tot. Das
Gleiche gilt für alles und ebenso für die Weisheit."

70. Heute mal kurz halten

Ein Schüler war wieder einmal in Eile und kam zum Chán-Meister. Er fragte direkt: „Können wir heute das Training kurz halten? Denn ich habe noch so viel zu erledigen."

Der Chán-Meister schaute ihn nickend an.

Voller Erleichterung und Freude war der Schüler, dass der Meister Verständnis für sein Tun hatte.

Da packte ihn der Chán-Meister plötzlich und warf ihn von der Brücke in den Teich.

Als der Schüler wieder aus dem Wasser empor kam, schaute er den Chán-Meister entsetzt an, doch der lächelte und sagte: „Zeit einsparen bringt uns oft nicht das, was wir erreichen wollen und was wir brauchen. So ist es, wenn wir aus lauter Eile ins kalte Wasser fallen, weil wir stolpern und nicht alles erkennen."

71. Die Frage nach der Reinkarnation

Ein Schüler stellte seinem Meister Mazu eine Frage über Reinkarnation: „Meister, wer war ich in meinem früheren Leben?"

Mazu antwortete: „Konzentriere dich nicht darauf, was war, sondern darauf, was zu tun ist."

Der Schüler war unzufrieden mit der Antwort und fragte nach: „Aber Meister, ich muss unbedingt wissen, wer ich war!"

Mazu sah ihn direkt an und sagte: „Es spielt keine Rolle, wer du warst. Was wirklich zählt, ist dein Handeln im Jetzt. Wer du in der Vergangenheit warst, hat dich wohl hierher gebracht, aber wer du jetzt wählst zu sein und was du daraus machst, bestimmt, wohin du gehen wirst."

Der Schüler dachte nach und fragte weiter: „Was wird dann aus mir in meinem nächsten Leben?"

Mazu antwortete: „Das hängt ganz davon ab, wie du dieses Leben lebst. Bleibe im Jetzt und handle hier, und du wirst dich dorthin führen, wo du sein sollst."

72. Soldaten der Menschenliebe

Einst war eine japanische Armee bei einem Manöver in der Nähe von Gasans Tempel und schlug ihr Lager direkt dort auf. Einige Offiziere hielten es für nötig, das Hauptquartier im Tempel aufzuschlagen.

Gasan sah das und ging zu seinen Köchen: „Gebt den Offizieren dieselbe einfache Kost, die auch wir essen", sagte er.

Das verärgerte die Offiziere, denn sie waren eine andere Behandlung gewohnt.

So lief einer zu Gasan und sagte: „Für wen hältst du uns eigentlich? Wir sind Soldaten und opfern unser Leben für unser Land. Wieso gebt ihr uns nicht angemessene Kost?"

Gasan erwiderte zugleich: „Wofür hältst du uns Mönche? Wir sind Soldaten der Menschenliebe und unser Ziel ist es, alle Lebewesen zu retten."

Der Offizier erkannte seinen Hochmut und ging zurück.

73. Mèngzǐ und der Spiegel der Seele

Ein Schüler ging zu Mèngzǐ 孟子 und fragte ihn: „Wie kann ich sehen, ob jemand die Wahrheit sagt oder nicht?"

Mèngzǐ antwortete: „In seinen Augen, denn die Pupille kann das Schlechte in einem Menschen nicht verbergen."

„Doch wie kann das sein?" fragte der Schüler weiter.

Mèngzǐ erklärte: „Ist in einem Menschen alles klar, so auch sein Herz, und die Pupille spiegelt diese Klarheit wider. Doch ist sein Herz nicht rein, wird die Pupille trübe."

Der Schüler verstand und fragte: „Was soll ich also tun?"

Mèngzǐ antwortete: „Hör auf seine Worte und schaue in seine Augen. Dort wirst du die Wahrheit über seinen wahren Charakter finden, denn die Augen sind der Spiegel der Seele."

74. Der Affenkönig und die wahre Kraft

Es war einmal Sūn Wùkōng 孙悟空, der Affenkönig, bekannt für seine aussergewöhnlichen Kräfte und seinen unbändigen Geist. Er war oft von Stolz und Ego getrieben, trotz seiner unendlichen Fähigkeiten und der Meisterschaft im Kampf.

Eines Tages beschloss er, den grossen Chén Dàoshī 陈道师 (Dao-Meister) zu besuchen, um von ihm die ultimative Technik zu lernen. „Lehre mich die wahre Kunst des Kampfes, damit ich unbesiegbar werde", forderte Sūn Wùkōng.

Der Meister Chén schaute ihn mit einem Lächeln an und sagte: „Du hast schon alle Kräfte der Welt in dir, doch bist du immer noch gefangen. Setz dich und meditiere."

Sūn Wùkōng, ungeduldig wie immer, tat wie ihm geheissen, doch nach wenigen Minuten sprang er auf und rief: „Das bringt nichts! Ich fühle keine Veränderung!"

Der Meister wusste es schon im voraus und sprach: „Deine grösste Schwäche ist nicht der Mangel an Techniken oder Stärke. Es ist dein rastlose Seele. Die wahre Kunst liegt nicht in der Überlegenheit im Kampf, sondern in der Überwindung deines eigenen Egos."

Sūn Wùkōng wusste tief in sich, dass die Worte des Meisters wahr waren. Er erkannte, dass wahre Kraft

nicht darin besteht, andere zu besiegen, sondern in
der Fähigkeit, sich selbst zu meistern.

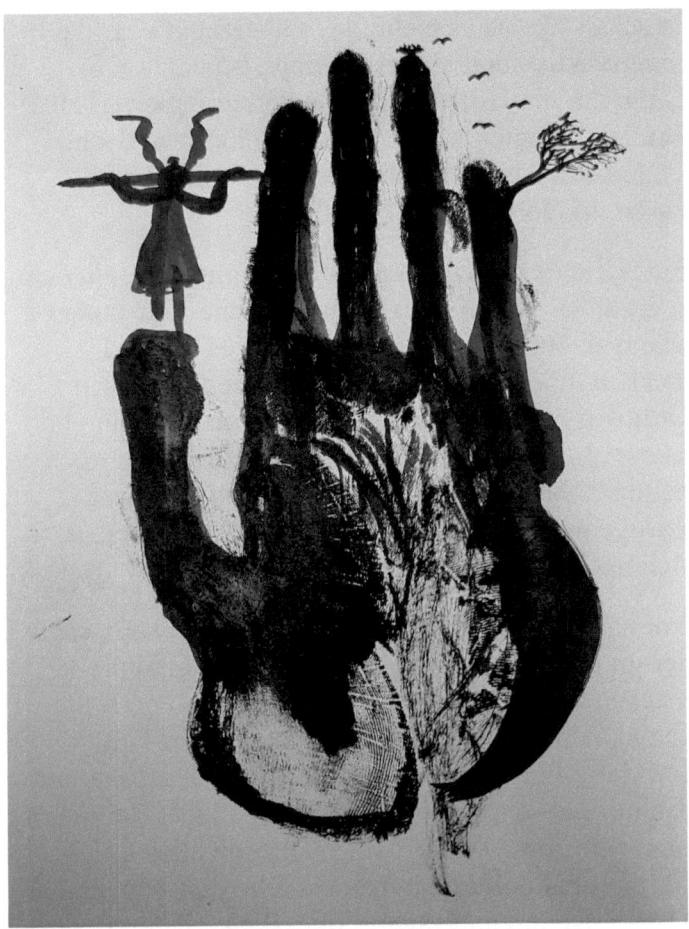

Tuschmalerei 2024

75. Der Meister der Faulheit

Es war einmal ein fauler Mensch namens Lanman. Er selbst wusste es nicht, da er überzeugt war, dass er sehr aktiv sei und viel erledige. Immer wenn Leute ihn um Hilfe baten, sagte er, er habe viel zu tun. Viele sagten, er sei faul, doch Lanman dachte: „Wie kann das sein? Ich habe doch heute schon Essen im Dorf gekauft."

Eines Tages traf er einen anderen jungen Mann, dem er erzählte, was er alles tue und mache. Der junge Mann erzählte wiederum, was er alles tun und machen möchte, unter anderem seinen Garten in Ordnung bringen. Daraufhin reagierte Lanman und sagte: „In dem bin ich super, ich werde dir morgen helfen." Der junge Mann war erfreut über diese Zusage und lud Lanman für den nächsten Tag zu sich nach Hause ein.

Am nächsten Tag, als Lanman bei ihm ankam, sagte der junge Mann: „Wollen wir jetzt den Garten machen?"
„Nein, nein, wir trinken erst einmal einen Tee," erwiderte Lanman. Der junge Mann war erfreut und dachte, das sei doch eine grossartige Idee. Beim Tee fragte der junge Mann, was man denn alles im Garten tun könnte. Lanman erzählte ihm von all den Möglichkeiten und sagte schliesslich: „Komm, wir gehen ins Dorf und kaufen etwas zu essen ein." Der junge Mann hielt das für eine hervorragende Idee.

Im Dorf kauften sie Essen ein, als ein alter Dorfbewohner sie fragte: „Könnt ihr mir kurz helfen? Ich muss die Ernte vom Wagen in den Keller bringen." Doch Lanman antwortete: „Leider keine Zeit, geehrter Herr." Als sie weiter liefen, sagte Lanman: „Wir müssen zur Massage, ich bin zu verspannt und konnte gerade nicht helfen." Der junge Mann dachte bei sich: „Der ist ja ein Meister im Tun, wie er immer erzählt, so gehört das wohl auch dazu."

Danach gingen sie zurück, und Lanman sagte: „Komm, wir kochen und essen etwas." Der junge Mann willigte ein und fragte nach dem Essen: „Wollen wir jetzt noch etwas im Garten tun?" Doch Lanman verneinte: „Mh, wir haben heute schon so viel getan, wir müssen uns erholen." Der junge Mann war verwundert und fragte: „Wie meinst du das?" Lanman antwortete: „Lass uns kurz ein bisschen schlafen und uns vom Essen erholen." Der junge Mann war nicht abgeneigt, und so schliefen sie bis zum Abend. Als sie aufwachten, fragte der junge Mann: „Wollen wir jetzt noch etwas im Garten tun?" Doch Lanman verneinte wieder: „Wir haben Tee getrunken, sind ins Dorf einkaufen gegangen, hatten eine Massage, haben gekocht und gegessen und dann sogar noch geschlafen – genug für heute." Der junge Mann dachte bei sich: „Ach ja, es ist ja spät, und das hört sich wirklich nach viel an."

Sie verabschiedeten sich und trafen sich am nächsten Tag im Dorf. Da sagte Lanman sogleich: „Heute ist ein Fest." Am folgenden Tag gab es ein Theater, und es gab immer etwas zu tun – ohne wirklich etwas zu tun. So ging es Woche für Woche weiter.

Auf diese Weise hatte Lanman einen neuen Schüler für die Kunst der Faulheit gefunden. Der eine wusste nicht, dass er Schüler war, und der andere wusste nicht, dass er Lehrer war.

Eines Tages brach plötzlich eine Dürre aus. Sie waren gerade seit einer Woche in der Stadt im Hotel. Das Essen war knapp, und es gab nirgends mehr etwas zu essen, da jeder fast von seiner eigenen Ernte leben musste. Da sahen sie den alten Dorfbewohner mit einer grossen Ernte, dem sie einst keine Zeit hatten zu helfen. Lanman fragte: „Hast du uns etwas zu essen?" Doch der alte Mann sagte: „Nehmt doch von eurem Garten."

Lanman sagte: „Komm, wir essen von deinem Garten, denn ich habe leider keinen." Der junge Mann stimmte zu: „Ja klar, gehen wir zu mir." Doch als sie dort ankamen, war nicht mehr viel von einem Garten zu sehen.

Kommentar:
Diese Geschichte zeigt uns, dass oft vieles nicht so ist, wie es scheint, und dass Faulheit und Aufschieben in Zeiten der Not schwerwiegende Folgen haben können. Man kann sich nicht vor den

Prüfungen des Lebens drücken, denn irgendwann
holen sie einen ein.
> 8.2024 <

Karikatur 2024

76. Das zerbrochene Gefäss

Ein Schüler trug Wasser vom Fluss zum Tempel. Eines Tages bemerkte er, dass das Tongefäss, das er zum Wasserholen benutzte, einen Riss hatte und auf dem Weg Wasser verlor.

Besorgt ging er zum Meister und sagte: „Meister, mein Tongefäss hat einen Riss, und das Wasser geht verloren. So bringe ich nur die Hälfte des Wassers hinauf, obwohl mehr möglich wäre. Sollte ich es wegwerfen und ein Neues besorgen?"

Der Meister schaute den Schüler an und antwortete: „Lass uns zusammen zurück zum Fluss gehen und den Weg genauer betrachten, den du gegangen bist." Als sie den Weg entlang gingen, fuhr der Meister fort: „Siehst du die Blumen und Kräuter, die hier wachsen? Sie blühen, weil du unbewusst das Wasser auf sie gegossen hast. Erkenne, dass nichts verschwendet ist."

Kommentar:
Die Lehre dieser Geschichte ist, dass selbst in Unvollkommenheit ein tiefer Wert und Nutzen steckt. Was wir als „Verlust" oder „Fehler" betrachten, kann oft mehr beinhalten, als wir denken und erkennen.
> 9.2024 <

77. Die Flagge bewegt sich

Zwei Mönche standen im Tempelgarten und sahen der Flagge im Wind zu.

Der eine Mönch sagte: „Die Flagge bewegt sich."

Der andere Mönch widersprach: „Nein, du liegst falsch, der Wind bewegt sich."

Der Meister, der zufällig vorbeilief, sagte: „Ihr beide irrt euch. Nicht die Flagge und nicht der Wind bewegen sich – euer Geist bewegt sich."

Kommentar:
Die Geschichte lehrt uns, dass unsere Wahrnehmung der Welt oft eine Reflexion unseres eigenen Wesens ist.
> 9.2024 <

78. Bequemlichkeit oder Natürlichkeit –die Wahl des wahren Weges

Nagou fragte einmal Meister Wēizhēn: „Wieso unterrichtest du eigentlich nur draussen? Hättest du eine Trainingshalle und würdest drinnen unterrichten, hättest du mehr Schüler."

Der Meister antwortete: „In der Natur lernst du mehr, denn der Boden ist uneben, das Wetter ist verschieden, Geräusche sind harmonischer, die Luft und das Qi ist besser, und stets ist alles im Wandel wie lebendig. Die meisten wissen dies ja selbst und doch bevorzugen sie es anders. Wieso meinst du, dass dies so ist?"

„Weil sie einen flachen Boden bevorzugen, gleiches Licht und Temperatur, stets der gleiche Ort. Doch in Gedanken möchten sie eigentlich in der Natur trainieren, aber warum dann nicht?" antwortete Nagou.

Meister Wēizhēn ergänzte: „Bequemlichkeit. Was Leute brauchen, möchten und erstreben, sind oft verschieden, und sie müssen selbst bereit sein, den Weg zu gehen. Sie müssen halt alle drei zusammenbringen. Zudem, wenn alle nur noch tun, was rentabel und angenehm ist, sterben die wahrhaftigen Dinge aus, und wir entfernen uns mehr vom Ursprung."

Nagou schaute zum Meister und fragte: „So geehrter Meister, was ist die Schlüsselessenz?"

„Willst du Natürlichkeit erlangen, erkenne sie in der Natur der Natürlichkeit und werde ein Teil von ihr", antwortete Wēizhēn.

China-Wudangshan 2015

79. Das Boot

Ein Mann ruderte gemütlich mit seinem Boot an einem nebligen Tag auf dem See.

Plötzlich sah er, dass sich ein Boot näherte. Der Mann rief: „Achtung, du fährst in mich hinein!", doch das andere Boot reagierte nicht, und der Mann rief nur lauter: „Pass auf!"

Doch da war es zu spät, und das andere Boot erwischte ihn.

Der Mann war ausser sich und sagte energisch: „Bist du blind oder was? Das kann ja nicht sein!", doch da bemerkte er, dass es ein leeres Boot war und dieses nur so für sich hertrieb.

Kommentar:
Oft liegt es an uns selbst, das Ruder wieder in die Hand zu nehmen.
> 6.2024 <

80. Apfelsaft

Der Meister kam von der Stadt zurück und brachte Apfelsaft mit. Er rief alle Schüler herbei und schenkte ihnen ein Glas ein, doch ein Schüler wollte es nicht trinken und sagte entsetzt: „Bäh, das ist ja trüb und da schwimmen Sachen drin", und ging davon.

Später, als der Schüler zurückkam, sah der Apfelsaft nicht mehr trüb aus und richtig lecker. So fragte dieser Schüler den Meister: „Ist das dasselbe Glas von vorher und mein Glas?"

Der Meister sagte: „Ja, das ist deins." Der Schüler besann sich und sagte: „So ist der Saft wie wir, wenn wir meditieren?" „Ja, so ist es, mein Schüler. Wenn wir zur Ruhe kommen, wird alles klar und die Verbundenheit wird ersichtlich", sprach der Meister. Der Schüler erwiderte: „Sollten wir also immer warten, bis es nicht mehr trüb ist, um verbunden zu sein?"

Der Meister antwortete: „Nicht ganz. Auch wenn es trüb ist, ist die Verbundenheit da, doch wir können sie nur nicht erkennen. Darum meditiere und praktiziere oft, damit das Erwachen auch im Alltag präsent ist."

81. Die Fesseln des Verlangens

Ein Mönch kam zu Buddha und fragte ihn: „Meister, ist das Leben in der Welt schwerer als das Leben im Gefängnis?"

Buddha antwortete: „Wenn du ins Gefängnis gehst, gibst du viele Dinge auf und befreist dich von Anhaftungen, da du keine Möglichkeiten mehr hast. Du bist für eine gewisse Zeit eingesperrt und kannst wieder freigelassen werden. Aber die weltlichen Bindungen wie Familie, Besitz, Ruhm fesseln dich ständig. Diese Fesseln bringen Sorgen und Anhaftungen mit sich, gefolgt von Ängsten und endlosen Verpflichtungen. Sie halten dich in einem Kreislauf des Leidens gefangen."

Der Mönch fragte weiter: „Wie kann man sich von diesen Fesseln befreien?"

Buddha lächelte sanft und sagte: „Die Lösung liegt darin, das Verlangen und die Anhaftungen zu überwinden und zu verstehen. Suche den Weg der inneren Freiheit. Dies bedeutet nicht, deine Familie oder Pflichten zu vernachlässigen, sondern sie mit einem Geist des Gleichmuts und ohne Anhaftungen zu betrachten. Wenn du das Verlangen loslässt, wirst du wahre Freiheit finden."

Der Mönch fragte nach: „Also ist derjenige im Gefängnis besser dran als derjenige, der eine Familie hat?"

Buddha antwortete: „Nicht ganz, denn nur weil du gefangen bist und die Dinge nicht mehr tun kannst, kannst du sie trotzdem begehren. Wenn du aus dem Gefängnis kommst, könntest du diesen Begierden noch mehr verfallen als je zuvor. Sich mit Gleichmut und tiefem Verständnis selbst zu befreien, muss jeder selbst lernen."

Der Mönch verneigte sich und ging, um die Weisheit des Buddha zu verstehen.

82. Dankbarkeit als innere Haltung

Wēizhēn fragte gerade etwas bei ChatGPT nach und bedankte sich am Schluss. Da fragte Tianlai: „Meister, warum bedanken Sie sich bei ChatGPT? Das ist doch nur eine Künstliche Intelligenz ohne Gefühle."

Wēizhēn schaute Tianlai an und sprach: „Sich bedanken ist ein Akt der Wertschätzung und Achtsamkeit, wie wir den Umgang pflegen und nicht werten."

„Aber für die KI spielt es keine Rolle, ob du das tust oder nicht," erwiderte Tianlai.

Darauf antwortete Wēizhēn: „Es spielt eine Rolle für dich selbst, alles ist stets verbunden. Ich bedanke mich für gute wie schlechte Dinge, die mir im Leben passieren, denn dies sind die Lehren, die ich erhalte."

„Meister, das mache ich auch. Ich bedanke mich bei der Natur und allem," erwiderte Tianlai mit Freude.

„Siehst du, genau das ist der Grund, warum ich mich auch hier bedanke, um mein Mitgefühl und meine Demut zu stärken. Es ist die Pflege dieses Tuns in jedem Moment, die uns vorwärts bringt. So sollten wir stets achtsam sein und unser Bewusstsein schärfen," ergänzte Wēizhēn.

Tianlai nickte und verstand die Worte des Meisters.

83. Das vorgeburtliche Gesicht

Ein Schüler kam eines Tages zu seinem Chán-Meister und fragte: „Meister, was ist das Gesicht, das ich vor meiner Geburt hatte?" Der Meister lächelte und antwortete: „Das ist eine sehr gute Frage. Setz dich hin und meditiere darüber."

Der Schüler tat, wie ihm geheissen, und verbrachte viele Stunden in tiefer Meditation. Tage vergingen, und der Schüler versank immer tiefer in sein eigenes Bewusstsein, suchend nach der Antwort auf die Frage des Meisters.

Eines Morgens kam der Schüler mit einem strahlenden Gesicht zu seinem Meister zurück. „Meister", sagte er: „Ich habe es gefunden. Das Gesicht, das ich vor meiner Geburt hatte, ist das gleiche Gesicht, das ich jetzt habe."

Der Meister nickte zustimmend und sprach: „Genau. Dein vorgeburtliches Gesicht ist das Gesicht deiner wahren Natur, die unverändert bleibt, unabhängig von den Umständen deines Lebens. Es ist das wahre Selbst, frei von Illusionen und Ablenkungen."

Der Schüler verstand nun, dass die Suche nach dem vorgeburtlichen Gesicht nicht eine Reise in die Vergangenheit war, sondern eine Entdeckung der ewigen Wahrheit seines eigenen Wesens.

84. Die Rückkehr des Kriegers

In einem kleinen Dorf lebte eine Familie, deren Vater in den Krieg gezogen war. Jahre vergingen, und der Vater kehrte schliesslich nach Hause zurück. Er sehnte sich danach, wieder mit seiner Familie vereint zu sein, und wollte den Ahnen seinen Respekt erweisen.

Als er am Morgen zu Hause ankam, sprach er mit seiner Frau darüber, dass sie den Ahnen die freudige Kunde überbringen müssen, dass sie wieder vereint sind. Er bat sie, Früchte für den Altar zu kaufen und reichlich Essen für ein Festmahl vorzubereiten. Seine Frau fand dies eine gute Idee und machte sich auf den Weg ins Dorf.

Der Vater machte den Altar bereit und wollte noch Zeit mit seinem Sohn verbringen. Er wollte auch, dass sein Sohn ihn mit „Vater" anspricht, doch der Junge erwiderte: „Nein, du bist nicht mein Vater." Der Sohn erzählte ihm, dass sein Vater stets am Abend, wenn es dunkel wurde, nach Hause kam und mit seiner Mutter Zeit verbrachte. Wenn die Mutter sich hinsetzte, so setzte er sich auch hin. Wenn die Mutter ins Schlafzimmer ging, so ging er auch. Wenn sich die Mutter ins Bett legte, so legte er sich auch hin.

Der Vater war ausser sich und voller Zorn. Er dachte nur: „Wie kann das sein?"

Als seine Frau aus der Stadt zurückkam, würdigte er sie nicht einmal eines Blickes. Die Mutter war verwirrt, legte die Früchte zum Altar und versorgte dann den Einkauf. Der Vater legte die Matte vor den Altar, verbeugte sich und rollte die Matte wieder auf. Die Mutter war gerade gekommen und war verwirrt, warum er die Matte nicht für sie liegen liess. So nahm sie die Matte, rollte sie wieder aus, machte ihre Verbeugungen, ging in die Küche und fing an zu kochen. Sie rief ihrem Mann zu, dass das Essen jetzt gleich bereit sei, doch der Mann erwiderte nur: „Ich habe keinen Hunger" und ging hinaus ins Dorf in die nächste Bar. Die Mutter war verletzt und wusste nicht mehr, was los war.

Am nächsten Tag ging der Vater gleich wieder aus dem Haus in die Bar und das die nächsten Tage, ohne etwas zu sagen. Das Herz der Mutter war so gebrochen, dass sie nicht mehr weiter wusste und in den Fluss sprang und ertrank.

Als der Mann an diesem Tag nach Hause kam, war die Sonne schon untergegangen. Der Vater ging ins Haus, machte die Lampe an, und der Sohn kam voller Freude: „Mein Vater ist wieder da" und blickte zum Schatten.

Als der Mann die Beschreibung des Sohnes genauer überdachte, wurde ihm klar, dass der „Mann" im Schatten nur sein eigenes Abbild war, das von der Lampe an die Wand geworfen wurde. Der Schatten, den sein Sohn gesehen hatte, war in Wirklichkeit der Schatten der Mutter, die voller Sehnsucht um ihren Mann mit ihrem eigenen Schatten angefangen hatte, Selbstgespräche zu führen, und der Sohn lernte dies für ihn als Vater zu erkennen.

Es klopfte zugleich an der Tür, und ein Nachbar brachte ihm die traurige Kunde, dass er seine Frau ertrunken gefunden hatte.

Kommentar:
Diese tragische Geschichte zeigt, wie Missverständnisse und voreilige Schlussfolgerungen zu verheerenden Konsequenzen führen können. Sie lehrt uns, dass wir uns Zeit nehmen sollten, um die Wahrheit zu verstehen, bevor wir handeln. Einmal mehr nachfragen und um Erläuterung bitten, schadet oft nicht.
> 7.2024 <

85. Der Koch und das Menü

Es war einmal ein Koch in einem Restaurant, der für sein Spezialmenü bekannt war, und viele Leute fragten nach seinem Rezept.

Nach einer Weile sagte er: „Dies ist mein Rezept. Ihr könnt es gerne zu Hause nachkochen." Die Leute waren begeistert und schauten sich das Rezept an. Da sagte ein Stammkunde: „Aber das Rezept sieht viel zu einfach aus, als dass es so gut sein kann." „Einfach oder nicht, das ist es – nicht mehr und nicht weniger", antwortete der Koch.

Jeder versuchte, es zu Hause nachzukochen, doch es gelang keinem so gut wie dem Koch selbst. Der Stammkunde kam zurück zum Koch und sagte: „Wie kann das sein, dass dies das Rezept ist und kein anderer es so gut macht wie du? Das Rezept muss doch falsch sein."

Der Koch schaute ihn an und sprach: „Ich mache das tagtäglich seit Ewigkeiten. Jede kleine Bewegung zählt – die Sekunden, die Reihenfolge, die Hitze, die Qualität der Zutaten und die volle Achtsamkeit im Tun, dass es wie von Herzen kommt." Und er fuhr fort: „So, verehrter Stammkunde, seit wann probieren Sie es?"

86. Das Licht der Meditation

Ein Student der buddhistischen Philosophie besuchte viele Jahre lang die Schule der Tendai-Tradition und praktizierte fleissig im Chán-Tempel des Meisters Gasan. Als der Tag seines Aufbruchs nahte, um seine Reise fortzusetzen, gab Gasan ihm einen letzten Ratschlag auf den Weg:

„Das Studium der Wahrheit auf spekulativem Wege ist eine nützlich als Methode, Predigtmaterial zu sammeln. Doch bewahre im Gedächtnis, dass dein Licht der Wahrheit ausgehen kann, wenn du nicht stetig meditierst."

Der Schüler war verwirrt über die Begriffe „spekulativer Weg" und „Predigtmaterial" und fragte den Meister um weitere Erläuterungen.

Gasan erklärte: „Spekulativer Weg bedeutet, dass man über die Wahrheit nachdenkt und sie analysiert, indem man intellektuelle Übungen und theoretische Studien betreibt. Es ist der Weg des Geistes, der versucht, die Wahrheit durch Gedanken und Theorien zu erfassen."

„Und Predigtmaterial?" fragte der Schüler weiter.

„Predigtmaterial sind die Geschichten, Lehren und Erkenntnisse, die du während deiner Studien sammelst und später anderen weitergeben kannst, um sie zu unterrichten oder zu inspirieren," antwortete Gasan.

„Aber," fuhr Gasan fort, „dieser spekulative Weg allein ist nicht genug. Wenn du nur studierst und predigst, ohne selbst in tiefer Meditation zu verweilen, wirst du den wahren Kern der Erleuchtung nicht erreichen. Dein inneres Licht, das die Wahrheit erhellt, kann schwächer werden und schliesslich ganz erlöschen."

„Denke daran," mahnte Gasan, „Meditation ist der Weg, um dein inneres Licht am Leben zu erhalten. Es ist die Praxis, die dich mit deinem wahren Selbst und der Essenz der Wahrheit verbindet. Ohne regelmässige Meditation wird dein Verständnis oberflächlich bleiben und dein spirituelles Licht verblassen."

Der Schüler dankte Gasan für diese wertvolle Lehre und versprach, die Meditation niemals zu vernachlässigen, um das innere Licht der Wahrheit stets leuchten zu lassen.

87. Joshu's Chán

Joshu begann sein Studium, als er 16 Jahre alt war, und setzte es bis zu seinem 80. Lebensjahr fort. Er war ein fleissiger Schüler, der seine Zeit dem Studium der Chán-Lehren und der Meditation widmete. Nach vielen Jahrzehnten des Lernens und der Praxis wurde er ein weiser und respektierter Lehrer.

Von seinem 80. bis zu seinem 120. Lebensjahr unterrichtete Joshu unzählige Schüler, die aus allen Ecken der Welt kamen, um seine Weisheit und seine Einsichten zu erfahren. Er war bekannt für seine einfachen, aber tiefgründigen Lehren, die oft durch scheinbar paradoxe Antworten und Geschichten vermittelt wurden.

Eines Tages fragte ein Schüler Joshu: „Meister, wenn ich nichts im Geiste habe, was soll ich dann tun?" Joshu lächelte und antwortete: „Dann wirf es hinaus." Der Schüler war verwirrt und fragte weiter: „Aber wenn ich gar nichts habe, wie kann ich es dann hinauswerfen?"

Joshu betrachtete den Schüler einen Moment lang, bevor er antwortete: „Nun, mein Schüler, dann trage es doch hinaus."

Der Schüler verstand immer noch nicht ganz und fragte: „Meister, wie kann ich etwas hinaustragen, das nicht existiert?"

Joshu lächelte weise und erklärte: „Das Nichts, das du im Geiste hast, ist nur eine Vorstellung. Wenn du wirklich nichts im Geiste hast, gibt es nichts, was dich belastet oder beschäftigt. Wenn es nichts gibt, dann bist du frei. Trage diese Freiheit mit dir, als wäre sie ein Schatz. Die Kunst besteht darin, die Leere nicht als Abwesenheit von etwas zu sehen, sondern als die Präsenz von unendlichen Möglichkeiten."

Der Schüler dachte lange über die Worte seines Meisters nach und begann zu verstehen, dass wahre Freiheit im Geist nicht durch das Hinzufügen von Wissen oder Gedanken erreicht wird, sondern durch das Loslassen und Erkennen der eigenen Natur.

Von diesem Tag an praktizierte der Schüler mit neuem Verständnis und fand Frieden und Klarheit in der Leere seines Geistes, stets inspiriert von Joshu's weisen Lehren.

88. Der Verstand

Ein Schüler kam ständig zum Meister Wēizhēn und hatte immer wieder Fragen über dies und jenes, oft belanglose und sich wiederholende. So sprach Wēizhēn zu seinem Schüler: „Du verspürst oft innere Unruhen und fragst dich zu viel über dies oder jenes. Kehre mehr zur Stille zurück."

Der Schüler sprach: „Aber Meister, oft habe ich Unruhe in mir und kann nicht meditieren."

„Lies täglich in den Sutren oder den Belehrungen von den grossen Philosophen wie Lǎozǐ. Dies hilft dir zu verstehen und beruhigt dein Herz. Übe bei Unruhe äussere Praxis, die dich zur inneren Ruhe führt", sagte Wēizhēn und fuhr fort: „Gerade heute habe ich im Hua Hu Jing gelesen, im Kapitel 45: 'Wenn du den Verstand reinigst, wird sich der Rest deines Lebens von selbst regeln. Wenn du die Seele reinigst, werden sich die Energien von selbst lenken.' Erkenne dies und verinnerliche es – eines hilft dem anderen. Eine allumfassende Praxis ist wichtig."

Der Schüler antwortete: „Also muss ich lernen, Gleichgewicht in die Praktiken zu bringen, wie sie, Meister."

"Ja, dies gilt für alles im Leben. Wie wollen wir Gleichgewicht finden, wenn wir dies nicht in allem pflegen? Im Innen, so wie aussen – so auch mit dem Kultivieren." ergänzte Wēizhēn.

89. Ohne Worte

Einmal fragte ein Chán-Schüler seinen Chán-Meister: „Ich habe gehört, dass man Chán nicht mit Worten lehren kann. Darum frage ich mich, warum ihr Chán-Vorträge haltet und Bücher schreibt?"

Der Chán-Meister antwortete: „Wenn ich dir jetzt gerade erzähle, dass sich Chán nicht mit Worten begreifen lässt, dann brauche ich ja genau in diesem Moment auch Worte, oder?"

Der Schüler wusste keine Antwort mehr.

Der Chán-Meister fuhr fort: „Für diejenigen, die süchtig nach Büchern sind, können Worte tatsächlich als Ablenkung dienen. Du musst aufhören, die Weisheit ausserhalb zu suchen. Achte auf dein Verhalten, deine Emotionen und Gedanken in jedem Augenblick, so vermagst du vielleicht die Quelle von Glück und Unglück zu verstehen."

90. Mitgefühl

Ein Chán-Schüler fragte seinen Meister: „Was ist der Unterschied zwischen Mitgefühl, Mitleid und Barmherzigkeit?"

Der Meister antwortete: „Wer Mitleid oder Mitgefühl empfindet, der unterscheidet noch zwischen sich selbst und den anderen. Bei voller Barmherzigkeit ist dieses Hindernis überwunden und man empfindet es als Einssein."

„Wie kann ich das üben?" fragte der Schüler weiter. „Das lässt sich nicht einfach so üben, denn man muss zuerst erkennen, dass alle Dinge Eins sind," antwortete der Meister und fuhr fort: „Doch übe dich bis dahin einfach in Barmherzigkeit."

Der Schüler war erleichtert und verstand, dass alles seine Zeit braucht, um zur nächsten Tiefe des Verstehens zu gelangen.

91. Wahre Liebe

Ein Schüler las in der Bibel die Worte von Jesus:
„Er lässt es regnen über Böse und Gute, so lässt er
auch die Sonne über Gerechten und Ungerechten
aufgehen."

Dies verwirrte ihn so sehr, dass er zu seinem Lehrer
ging und ihn um Hilfe bat. „Meister, ich kann das
nicht verstehen. Wie kann es sein, dass es dort
keinen Unterschied gibt? Spielt es dann keine Rolle
mehr, wie ich mich verhalte, ob gut oder böse, wenn
die Belohnung dieselbe ist?"

Der Lehrer antwortete seinem Schüler: „Ich glaube,
da hast du etwas missverstanden. Es geht hier nicht
um die Moral, sondern um die Liebe selbst."
„Wo liegt denn da der Unterschied und der Sinn?"
erwiderte der Schüler.

Der Meister ergänzte seine Antwort: „Wahre Liebe
belohnt nicht Wohlverhalten und ist nichts, was man
sich verdienen kann. Wer unterscheidet, versteht
nicht." Dann fügte der Meister noch eine Passage
aus der Bibel hinzu – Matthäus 7,12:
„Alles, was ihr wollt, dass euch die Leute tun sollen,
das tut ihr ihnen auch. Das fasst die Lehren des
Gesetzes und der Schriften der Propheten
zusammen."

92. Erleuchtung und das Ende

Ein Schüler fragte einmal nach der Meditation seinen Meister Wēizhēn: „Ist die Erleuchtung das Höchste und das Ende?"

Meister Wēizhēn schaute zu ihm und sprach: „So einfach ist es nicht. Die Erleuchtung ist das Erkennen und Verstehen, sie ist erst der Anfang."

Der Schüler fragte nach: „Doch was gibt es denn noch nach der Erleuchtung?"

„Es gibt auch dort mehrere Stufen, wie das Sehen, Erkennen, Verstehen und später die Fähigkeit, zu nutzen und Einfluss zu nehmen, ohne Einfluss zu nehmen. Ein Wahrhaftiger zu werden und ein Mitwirkender im Sein wie im Nichtsein", antwortete Wēizhēn.

Der Schüler verstand es noch nicht ganz: „Wie komme ich dorthin, was soll ich tun?"

„Praktiziere täglich und du wirst immer mehr verstehen", erwiderte Wēizhēn.

93. Wieso verstehe ich es noch nicht?

Sülan lernte etwas Neues im Taiji und gegen Ende der Stunde begann sie zu jammern: „Ich verstehe es noch nicht."

Der Meister Wēizhēn ging zu ihr und fragte: „Wie oft hast du es denn schon wiederholt?"

„Sicherlich schon 10 bis 20 Mal," antwortete Sülan.

Wēizhēn lachte und sagte: „1.000 Mal wiederholen gibt ein Grundverständnis, 10.000 Mal wiederholen bedeutet, dass man anfängt zu verstehen, 100.000 Mal wiederholen bringt ein tieferes Verständnis, und so geht es weiter bis zur Meisterschaft und zum wahren Gong Fu."

Die Schülerin machte grosse Augen und war sprachlos.

Wēizhēn fuhr fort: „Gib dir Zeit, denn Verstehen kommt durch das Tun, nicht durch das Denken. Es gibt keine Abkürzungen, auch wenn viele das meinen."

„Doch Meister, ich kann oft nicht schlafen, wenn ich es nicht verstehe," sagte Sülan.

„Wenn du nicht schläfst, kannst du es noch weniger verstehen. Lass das normale Denken los und widme dich dem Denken ohne zu denken, so wird sich alles von selbst lenken," antwortete Wēizhēn und fuhr fort: „Hör auf zu werten und zu vergleichen. Siehe, dass dort, wo du jetzt bist, perfekt ist, und freue dich darüber, wie viel du noch verbessern kannst. Wenn es schon perfekt wäre, wäre es langweilig und nicht von Dauer."

China-Wudangshan2017

94. Zhuāngzǐ 庄子 und der Schmetterling

Meister Zhuāngzǐ sass auf einem Stein im Garten, friedlich und ruhig liess er die Seele baumeln, als ein Schüler vorbei kam und sah, wie der Meister still in die Ferne blickte.

„Meister, woran denkst du?" fragte der Schüler neugierig.

Meister Zhuāngzǐ antwortete: „Ich träumte, ich sei ein Schmetterling, der leicht und frei durch die Luft flog. Doch nun frage ich mich: Bin ich wirklich Zhuāng, der träumte, ein Schmetterling zu sein, oder bin ich ein Schmetterling, der träumt, Zhuāng zu sein?"

Der Schüler dachte eine Weile nach und fragte: „Meister, spielt es eine Rolle, wer du wirklich bist?"

Meister Zhuāngzǐ lächelte und sagte: „Die Grenze zwischen Traum und Wirklichkeit, zwischen dem Ich und der Welt, ist so dünn wie der Flügelschlag eines Schmetterlings. Wenn du loslässt, verschwinden beide."

95. Die Bedeutung der Worte

Ein Schüler kam eines Tages zu seinem Meister Kǒngzǐ 孔子 und fragte: „Meister, wenn du gebeten würdest, ein Land zu regieren, was wäre das Erste, das du tun würdest?"

Der Meister schloss seine Augen für einen Moment, atmete tief ein und antwortete: „Ich würde zuerst die Sprache in Ordnung bringen."

Verwirrt fragte der Schüler weiter: „Warum die Sprache, Meister? Gibt es nicht viele wichtigere Dinge zu tun?"

Der Meister öffnete seine Augen und sagte: „Wenn die Worte nicht klar sind, was gesagt wird, werden sie missverstanden. Wenn das Verständnis nicht stimmt, wird das, was getan werden soll, falsch ausgeführt. Und wenn das, was getan werden soll, fehlerhaft ist, führt dies zu Chaos. Deshalb achtet der Weise darauf, dass seine Worte klar, präzise und wahrhaftig sind."

96. Der Traum vom Gelben Hirsebrei

Lǚ Dòngbīn war ein Gelehrter, der sich auf den Weg nach Chang'an machte. Eines Abends hielt er in einem kleinen Gasthaus an, um Rast zu machen. Während der Koch seinen gelben Hirsebrei auf dem Herd zubereitete, legte er sich für ein kurzes Nickerchen hin und fiel in einen tiefen Schlaf.

In seinem Traum erlebte Lǚ ein ganzes Leben. Er bestand die kaiserliche Prüfung mit Auszeichnung, wurde in hohe Ämter berufen und schliesslich Premierminister. Er heiratete die Tochter einer wohlhabenden Familie, hatte Kinder und erlebte eine glänzende Karriere. Doch sein Aufstieg brachte auch Neider hervor. Falsche Anschuldigungen führten zu seinem Sturz. Sein Reichtum schwand, seine Familie zerbrach, und er fand sich schliesslich mittellos und allein auf der Strasse wieder. Als er im Traum am Tiefpunkt seines Lebens angelangt war, wachte er plötzlich auf.

Obwohl in seinem Traum fast ein ganzes Leben vergangen war, stellte Lǚ überrascht fest, dass in der Realität nur so viel Zeit verstrichen war, wie der Koch benötigte, um seinen Hirsebrei zu kochen.

Da erschien ihm Zhongli Quan, ein daoistischer Meister und sagte: „Das Leben ist wie dieser Traum – vergänglich und voller Illusionen. Ruhm, Reichtum und Macht sind wie der Dampf des Hirsebreis – er scheint real, doch er löst sich in

Nichts auf."

Lǚ Dòngbīn, tief berührt von dieser Erkenntnis, erkannte, dass der wahre Wert nicht im Streben nach weltlichem Erfolg liegt, sondern im Finden des inneren Weges. Er entschied sich, sein bisheriges Leben hinter sich zu lassen und folgte Zhōnglí Quán 钟离权 als dessen Schüler. Von diesem Moment an widmete er sich dem Daoismus und der Suche nach dem wahren Pfad der Kultivierung.

Später wurde Lǚ Dòngbīn selbst ein grosser Meister und einer der Acht Unsterblichen. Sein Leben und Wirken wurden zur Legende, und bis heute wird er als Schutzpatron der Schwertkämpfer und Heilkundigen verehrt.

97. Grosse Anhaftung

Ein Chán-Schüler betrieb seine Chán-Praxis mit solch einem Elan, dass er sein Haus verkaufte, sich von seiner Frau scheiden liess, alles hinter sich liess und Mönch wurde. Doch seinen Chán-Meister liess dies alles kalt.

Ein anderer Schüler beobachtete dies und musste den Meister fragen: „Glaubt Ihr nicht, dass es nur wenige Schüler gibt, die mit einer solchen Entschlossenheit ihren Weg aufnehmen können?"

Der Chán-Meister antwortete: „Das mag wohl so sein, doch er ist ein schlechtes Vorbild, denn er hat eine grosse Anhaftung an die Leere."

98. Die Blinden und die Hindernisse

Eines Tages sprach Lǎozǐ zu seinen Schülern über das Zeitalter der Verwirrung.

„Im Zeitalter der Verwirrung," sagte Lǎozǐ, „werden die Menschen Hindernisse errichten, die sie selbst nicht durchschauen. Sie klammern sich so sehr an die Falschheit, dass sie blind werden. Diese Blinden handeln impulsiv, überreden andere, ihnen zu folgen, und jagen diejenigen, die nicht an ihre Falschheit glauben. Sie werden sogar Kriege führen, um ihre Illusionen zu verteidigen."

Der Schüler fragte: „Meister, wie kann die Wahrheit inmitten all dieser Täuschung überleben?"

Lǎozǐ antwortete: „Die Wahrheit wird hinter den Hindernissen verborgen sein, die sie selbst errichtet haben. Stück für Stück bauen sie diese Mauern auf, bis sie die Sicht auf die Wahrheit vollkommen verdecken. Andere, ebenso blind, werden sie noch darin bestärken und töricht die Richtigkeit der Falschheit verkünden."

Der Schüler, verwirrt, fragte weiter: „Wenn alle blind sind, wie kann dann jemand die Wahrheit sehen und den Weg weisen?"

Lǎozǐ fuhr fort: „Wenn nur noch Blinde da sind, wird keiner den Weg erkennen können. Doch der, der versteht, dass seine eigene Blindheit das grösste Hindernis ist, der wird innehalten und beginnen,

Stein für Stein die Mauern abzubauen. Erst dann, wenn die Hindernisse verschwinden, wird die wahre Klarheit erscheinen."

Der Schüler schwieg in tiefer Nachdenklichkeit.

China-Wudangshan 2018

99. Blütenregen

Subhuti, ein Schüler von Buddha, sass in tiefster meditativer Versenkung unter einem Baum, in absoluter Leere.

„Wir anerkennen dich aufgrund deiner Abhandlung über die Leere", flüsterten die Götter zu ihm.

Subhuti antwortete: „Aber ich habe doch gar nicht über die Leere gesprochen?"

„Du hast nicht über die Leere gesprochen, und wir haben sie nicht gehört", entgegneten die Götter und fuhren fort: „Das ist die wahre Leere."

Da fiel ein Blütenregen auf Subhuti herab.

100. Der Dieb, der zum Schüler wurde

Eines Abends, als Shichiri Kojun dabei war, Sutras zu rezitieren, drang ein Dieb mit einem scharfen Schwert ein und rief: „Gib mir dein ganzes Geld, oder ich töte dich!"

Shichiri erwiderte: „Störe mich nicht beim Rezitieren. Du findest das Geld dort in der Schublade."

Der Dieb ging zur Schublade und wollte alles nehmen, doch da unterbrach ihn Shichiri nochmals: „Nimm nicht alles, ich brauche morgen noch etwas, um Nahrung einzukaufen."

Der Dieb nahm daraufhin nicht alles und wollte gehen, als Shichiri sagte: „Bedanke dich, wenn du ein Geschenk erhältst." Der Dieb bedankte sich und verschwand in der Nacht.

Einige Tage später wurde der Mann festgenommen, und er gestand alle seine Taten, auch die bei Shichiri. Die Polizisten riefen Shichiri als Zeugen. Doch Shichiri sprach vor dem Dieb: „Dieser Mann hat nichts gestohlen, jedenfalls mir nicht. Ich habe ihm ein Geschenk gegeben, und er hat sich bedankt."

Der Dieb war verwundert und sass für seine anderen Taten im Gefängnis. Als er herauskam, machte er sich auf den Weg zu Shichiri, um sein Schüler zu werden.

101. Man kann auch das höchste Vergessen

Kann man auch das Höchste vergessen?

Meister Wēizhēn war auf einer Teewanderung, als der Schüler Nagun ihn fragte: „Wenn man Erleuchtung erlangt hat, ist die dann für immer?"

„Schaut euch einmal diese Aussicht an", rief Wēizhēn mit Begeisterung und fuhr fort: „Hier trinken wir einen Tee."

Alle Schüler setzten sich und begannen Fragen zu stellen.

Nach einer Weile fragte Meister Wēizhēn: „Und Nagun, wie war deine Frage nochmals?"

Nagun musste überlegen, da es so viele Themen gab und er dort auch eifrig mitgefiebert hatte.

Wēizhēn lächelte ihn an und sprach: „Das Gleiche kann mit der Erleuchtung passieren. Wir ergreifen sie, durchdringen mit ihr alles zum absoluten Verstehen, doch kann sie so schnell wieder gehen, wie sie kam. Viele haften oft an der Erinnerung, doch es ist nur noch ein Schein und nicht das Leuchten selbst."

102. Der geizige Künstler

Gessen (Yuèxiān 月僊) war ein Künstler-Mönch, der dafür bekannt war, stets im Voraus bezahlt zu werden und hohe Preise für seine Arbeiten zu verlangen.

Eines Tages beauftragte ihn eine Geisha, ein Gemälde zu malen, und fragte nach dem Preis. Gessen antwortete: „Wieviel kannst du bezahlen?"

Die Geisha entgegnete: „Soviel, wie du verlangst, doch wünsche ich mir, dass das Bild in meiner Gegenwart erstellt wird."

Als Gessen das Bild fertiggestellt hatte, forderte er die höchste Summe, die zu dieser Zeit möglich war. Die Geisha zahlte, doch wandte sie sich dann an ihren Herrn und sagte: „Dieser Künstler ist nur auf das Geld aus. Seine Seele ist durch seine Gier schmutzig geworden, und seine Werke wären gut, doch durch diese beschmutzte Seele sind sie nicht einmal gut genug, um etwas Wertvolles zu schmücken – höchstens gut genug für meinen Unterrock."

Daraufhin forderte sie Gessen auf, ein weiteres Bild auf die Rückseite ihres Unterrocks zu malen. Gessen nannte einen absurden Preis, doch die Geisha willigte ein, und Gessen erfüllte die Bitte.

Nach dieser Tat legte er den Pinsel nieder und zog sich in die Berge zurück.

Die Geisha sprach schlecht über ihn und erzählte, wie er nur schnelles Geld machen wollte, um ein bequemes Leben zu führen.

Die Strasse zum Dorf war stets beschwerlich zu begehen, doch eines Tages, als die Geisha sie überquerte, war sie von mehreren Arbeitern erneuert worden. Es stellte sich heraus, dass Gessen sie bezahlt hatte, um die Strasse zu reparieren.

Kurz darauf kam jemand aus Gessens Heimatdorf zu Besuch und erzählte, wie froh die Dorfbewohner seien, dass Gessen sie während einer Hungersnot mit Vorräten unterstützt habe.

Da erkannte die Geisha, dass sie Gessen unrecht getan hatte und dass seine Absichten für das Geld anders waren, als sie gedacht hatte. Sie machte sich auf den Weg in die Berge, um sich zu entschuldigen, und fand Gessen, wie er mit Helfern den Tempel seines Meisters herrichtete – es war der letzte Wunsch seines Meisters gewesen.

Die Geisha sprach zu Gessen: „Es tut mir leid, dass ich schlecht über dich gesprochen habe."

Gessen antwortete: „Keine Sorge, die Hauptsache ist doch, dass ich dank deiner grosszügigen Bezahlung für die Bilder diese drei Aufgaben überhaupt erfüllen konnte."

103. Die Wahrheit der Laterne

In frühen Zeiten in Japan wurden Laternen aus Papier und Bambus gefertigt, mit einer Kerze darin.

Als ein Blinder eines Nachts von seinem Freund nach Hause gehen wollte, bot ihm dieser eine Laterne für seinen Heimweg an.

Der Blinde war empört und sagte: „Ich brauche keine Laterne, Tag oder Nacht ist dasselbe für mich."

„Ich weiss, dass du keine Laterne brauchst, um den Weg zu erkennen", erwiderte der Freund und fuhr fort: „Doch wenn du keine hast, können andere in dich hineinlaufen. Nimm sie bitte mit."

Der Blinde machte sich mit der Laterne auf den Heimweg, doch plötzlich stiess jemand gegen ihn. „Kannst du nicht schauen, wo du hingehst?" sagte der Blinde, doch der Fremde entgegnete: „Deine Kerze ist niedergebrannt, deshalb konnte ich dich nicht sehen."

104. Keine Abhängigkeit vom Staub

Eines Tages kamen die Schüler des Meisters Chányuè zusammmen und baten ihn um Lebenshilfe.

Sie fragten: „Meister, wie sollen wir in dieser verwirrenden Welt leben und dennoch dem Weg des Chán folgen?"

Der Meister lächelte sanft und sagte: „In der Welt leben, aber nicht abhängig sein vom Staub der Welt – das ist der Weg eines wahren Chán-Schülers."

Die Schüler lauschten gespannt, und Chányuè fuhr fort: „Wenn du Zeuge der guten Tat eines anderen wirst, so ermutige dich selbst, seinem Beispiel zu folgen. Wenn du hingegen Zeuge einer schlechten Tat wirst, so rate dir selbst, diesem Beispiel nicht zu folgen. Selbst wenn du allein in einem dunklen Raum bist, verhalte dich nicht anders, als befändest du dich vor den Augen eines hohen Gastes."

Die Schüler nickten, und der Meister sprach weiter: „Drücke deine Gefühle aus, aber drücke nur so viel aus, wie es deiner wahren Natur entspricht.

Denke daran – Armut ist wie ein Schatz. Tausche sie niemals gegen ein leichtes Leben ein.

Ein Mensch mag wie ein Dummkopf erscheinen, doch das bedeutet nicht, dass er einer ist – vielleicht beschützt er nur seine Weisheit."

Einer der Schüler fragte: „Meister, wie können wir Tugend in uns wachsen lassen?"

Chányuè antwortete: „Tugend ist die Frucht der Selbstdisziplin und fällt nicht einfach so vom Himmel wie Regen oder Schnee. Die Bescheidenheit ist die Grundlage aller Tugenden.

Stelle dich deinen Nachbarn vor, bevor sie dich entdecken, und dränge dich nicht in den Vordergrund.

Ein edles Herz spricht selten, doch seine Worte sind wie Edelsteine – selten, aber von grossem Wert."

Ein anderer Schüler fragte: „Wie sollen wir mit dem Lauf der Zeit umgehen?"

Der Meister antwortete: „Für einen wahren Schüler ist jeder Tag ein guter Tag.

Die Zeit vergeht, aber ein solcher Schüler bleibt niemals hinter ihr zurück.

Weder Ruhm noch Schande können ihn bewegen. Tadle dich selbst und nicht die anderen.

Diskutiere nicht über richtig oder falsch, denn manche Dinge werden über Generationen hinweg für falsch gehalten, obwohl sie richtig sind.

Die Rechtschaffenheit wird auch erst nach vielen Jahren anerkannt werden, also besteht keine Notwendigkeit, sie zu beschleunigen oder sich nach sofortiger Anerkennung zu sehnen."

Die Schüler waren tief beeindruckt und baten: „Meister, was ist das wichtigste Prinzip, nach dem wir leben sollen?"

Chányuè schloss die Augen und sprach leise: „Lebe mit Sinn und überlasse die Ergebnisse dem Gesetz des Universums. Verbringe jeden Tag in tiefer, friedvoller Versenkung."

Die Schüler verneigten sich und versenkten sich in der Meditation, erfüllt von der Weisheit ihres Meisters.

Wie der Klang einer Klangschale, hallten seine Worte in ihnen nach.

105. Die Weisen und das zerfallende Reich

Einst fragte ein Schüler seinen Meister Lü Buwei:
„Meister, was geschieht, wenn ein Reich dem
Untergang geweiht ist?"

Der Meister antwortete: „Wenn ein Reich zerfällt,
erkennt man dies nicht zuerst an seinen Mauern oder
seinen Soldaten. Die ersten, die gehen, sind die
Weisen."

Der Schüler war verwirrt und fragte weiter: „Warum
verlassen die Weisen das Reich, wenn es in Gefahr
ist? Sollten sie nicht bleiben und helfen?"

Der Meister lächelte sanft und sprach: „Die Weisen
spüren, wenn der Boden der Wahrheit brüchig wird.
Sie sehen, wie Habgier, Täuschung und
Ungerechtigkeit sich ausbreiten. Wenn die Wurzeln
der Weisheit vertrocknen und die Luft von falschen
Lehren erfüllt ist, erkennen sie, dass ihr Wirken
vergeblich geworden ist. Dann gehen sie nicht aus
Furcht, sondern weil ihre Worte keine Wurzeln mehr
schlagen können."

Der Schüler fragte: „Meister, wie kann man
verhindern, dass ein Reich zerfällt?"

Der Meister sprach: „Solange die Weisen gehört
werden und ihre Worte geschätzt sind, kann das
Reich bestehen. Doch wenn Stolz, Neid und falsche
Ehre die Oberhand gewinnen, wird selbst das
stärkste Reich zerbrechen. Und die Weisen werden

schweigend in die Berge ziehen, wo ihre Weisheit noch Gehör findet."

Der Schüler senkte den Kopf in stillem Nachdenken. Er verstand, dass ein Reich nicht an seiner Grösse oder Macht gemessen wird, sondern daran, ob es in der Lage ist, die Weisheit seiner Weisen zu bewahren.

Beijing 2018

106. Richtig oder Falsch

Als Bankei seinen Meditationsrückzug für eine Woche abhielt, kamen viele Chán-Schüler von überall her, um daran teilzunehmen.

Ein Schüler wurde am ersten Tag beim Stehlen erwischt, und man trug dies Bankei vor, doch Bankei ignorierte den Vorfall.

Am zweiten Tag wurde derselbe Schüler wieder beim Stehlen ertappt, und man trug es erneut Bankei vor, doch dieser ignorierte es wieder. Die anderen Schüler ärgerten sich so sehr, dass sie am selben Abend ein Gesuch verfassten, in dem sie forderten, den Dieb wegzuschicken, sonst würden sie alle gehen. Sie übergaben das Gesuch an Bankei.

Am nächsten Tag, dem dritten Tag, rief Bankei alle Schüler zusammen. „Danke für euer Gesuch. Ihr seid alle so weise", sagte Bankei und fuhr fort: „Ihr wisst alle, was recht und unrecht ist. Ihr könnt, wenn ihr wollt, woanders hingehen, um zu studieren. Doch dieser arme Bruder kann nicht einmal Recht von Unrecht unterscheiden. Wer würde ihn unterrichten, wenn nicht ich? Darum werde ich ihn hier behalten, auch wenn ihr alle geht."

Ein Strom aus Tränen läuterte das Gesicht des Bruders, der gestohlen hatte, und er sprach: „Es tut mir leid." So verschwand jegliches Verlangen zu stehlen aus ihm.

107. Die Kunst zu Leben

Eine Schülerin fragte ihren Meister: „Wie kann ich die Kunst zu leben erlernen? Können Sie mir einige Bücher empfehlen?"

Der Meister antwortete: „Ich könnte dir eine ganze Reihe von Büchern empfehlen, doch diese werden dir nichts bringen, denn sie werden dich nur ablenken und ersetzen nicht die Praxis."

So fragte die Schülerin nach: „Doch wie oder was soll ich denn üben?"

Der Meister antwortete: „Nichts Spezielles, tue nur das, was du tust, mit voller Aufmerksamkeit und Bewusstsein."

„Ich dachte, ich muss so viel meditieren, wie es nur geht?" antwortete die Schülerin.

Der Meister lächelte und sprach: „Wenn du mit Achtsamkeit kochst, schreibst, gehst, isst... kannst du in allem das Dao sehen, schau nur hin."

108. Der Weg der Entscheidung über Hingabe und des Loslassens

An einem normalen Trainingstag bemerkte Meister Wēizhēn, dass ein Schüler in letzter Zeit immer wieder Bewegungen vergisst. Daraufhin ging Wēizhēn zu dem Schüler Lougan und sprach: „Lougan, dir wird es momentan zu viel, bei mir und bei meinem Shaolin-Meisterkollegen zu trainieren. Da du auch durch Arbeiten zu wenig Zeit hast, empfehle ich dir, dich auf einen von uns zu konzentrieren, statt auf beide, denn dies ist besser für dein Vorankommen."

Lougan antwortete: „Aber Rougan macht ja das Gleiche." „Ja, doch Rougan hat mehr Zeit als du und vergisst nicht. Er erinnert sich an alle Bewegungen. Es ist nur eine Empfehlung, mein Schüler, hauptsächlich sollst du dich nicht überfordern. Meditiere darüber und schau, was dir mehr entspricht", erwiderte der Meister.

Lougan nickte und praktizierte weiter.

Die Schüler Delin hörte dies mit und sprach nach dem Training zum Meister: „Meister, sie können das doch nicht so tun. Letztes Mal haben wir so einen neuen Schüler verloren. Wir sind ja nicht so viele Schüler, und sie brauchen ja mehr."

Meister Wēizhēn sprach: „Danke dir, Delin, für deine Bedenken. Doch als Lehrer bin ich hier, um

Leute zu unterstützen und auf ihrem Weg zu fördern. Für die Leute, die bei mir lernen, freut es mich. Doch kann ich sie irgendwo weiterempfehlen, wo es für sie besser passt, bin ich auch glücklich. Ob ich genügend Schüler habe oder nicht, spielt keine Rolle. Ich bin dort, wo ich sein kann und gebe weiter, was ich weiss."

Delin fragte nach: „Doch Meister, sie haben so viel zu geben. Es plagt mein Herz, wenn ich sehe, dass Sie nicht viele Schüler haben."

„Ach, Delin, leere dein Herz und belaste es nicht mit unnötigen Dingen. Es werden sich die Sachen fügen, wie sie sollen.", antwortete Wēizhēn.

Delin ging danach auch nach Hause.

Am nächsten Trainingstag waren Delin und Lougan früher da zum Tee. Lougan sagte zu Meister Wēizhēn: „Ich komme jetzt nur noch hier und dafür einmal mehr pro Woche." Der Meister lächelte, und Delin war auch glücklich.

Wēizhēn sagte nur noch: „Alles ist im Wandel."

4. Über Mich – den Autor

Ich bin 42 Jahre jung, heisse Michael Schwindl, kurz Michu und wurde im Jahr 1982 des Wasser-Hundes geboren. Ich gehe den Mönchs-Weg jetzt über zehn Jahren und erkenne auch immer mehr die Tiefe dieses Weges. Die Einfachheit war stets in meinem Leben vorhanden, ob die Wohnsituation oder Besitz. Meist lebte ich in einem Wohnwagen, Zelt, draussen oder einer WG.

Von 2015 bis Anfang 2020 war ich fast durchgehend in China. Bis Ende 2019 war ich an der daoistischen Kampfkunstschule von Meister Táng Lǐlóng 唐理龙, wo ich als Disciple (Hauptschüler) angenommen wurde und so auch Linienhalter der 16. Generation von Wǔdāng Xuánwǔpài 武当玄武派. Ich bekam den Namen Táng wēi zhēn 唐微真.

Nach über vier Jahren Ausbildung in China, praktiziere und unterrichte ich weiter in der Schweiz oder wo ich gerade bin. So versuche ich den wahrhaftigen Weg zu beschreiten um zu sehen, wo es hinführt. Selbstkultivierung war schon immer ein Grundstein meines Lebens wie auch Gōngfū 功夫 (Kung Fu).

In den sozialen Medien könnt ihr mich unter Daomonk finden, dazu findet ihr bei Kontakten mehr Details.

China-Wudangshan 2019

5. Nachwort

Ihr habt sicherlich bemerkt, dass einige Geschichten den Namen Wēizhēn beinhalten, der mein Disciple-Name ist. Diese Geschichten basieren mehr oder weniger auf meinen eigenen Erlebnissen und Erfahrungen.

Lasst uns das kleine Geheimnis lüften: Bei den Kommentaren steht "> 6.2021 <". Diese Zahlen geben das Datum des Kommentars an – zuerst den Monat, dann das Jahr.

Ich hoffe, dieses Buch war auch für euch eine Bereicherung, und wünsche euch allen nur das Beste auf eurem Weg. Bis zum nächsten Mal.

Danke fürs Lesen und für eure Unterstützung.

Ein besonderer Dank geht an Luisa fürs Lektorieren.

6. Wortindex und Interessante Ergänzungen

A

Ashram: Ein Ashram ist ein spirituelles Zentrum, meist in Indien, das Menschen einen Ort für Meditation, Yoga und spirituelle Studien bietet. Oft leben dort ein Lehrer oder Guru und seine Schüler, die sich gemeinsam der spirituellen Praxis und einfachen Lebensweise widmen.

B

Bodhisattva: "Erwachtes Wesen". Im Mahayana-Buddhismus ist ein Bodhisattva ein Wesen, das aus tiefem Mitgefühl handelt und sich der Aufgabe widmet, anderen zu helfen, das Erwachen, die Erleuchtung zu erreichen.

In der Chán-Tradition entspricht die Bodhisattva-Ordination der Zufluchtnahme zu den drei Schätzen: Buddha, Dharma und Sangha. Bei dieser Zeremonie erhält der Bodhisattva auch die Bodhisattva-Gebote.

Buddha-Natur: Bedeutet, dass die wahre Natur unserer Seele von Anfang an rein war, da diese stets mit dem Geiste verbunden ist und der mit dem Ursprung selbst, wie dann auch wir.

C

Chán 禅 Zen: Das Wort „Zen" geht auf das chinesische Chán 禅 zurück, welches wiederum aus dem Sanskrit-Wort Dhyāna ध्यान, was Meditation bedeutet, abgeleitet ist.

Chánshī 禅师 Japanisch Zenji: Ein Zen-Meister im Chán-Buddhismus. Der Chánshī ist für die spirituelle Unterweisung der Schüler verantwortlich und lehrt sie in der Meditation und den Lehren des Chán.

Chatgpt: Ein auf künstlicher Intelligenz basierter Sprachmodell-Assistent, der von OpenAI entwickelt wurde. Er verwendet fortschrittliche maschinelle Lernalgorithmen, um natürliche Sprache zu verstehen und darauf zu antworten. ChatGPT kann Fragen beantworten, Texte generieren und bei einer Vielzahl von Aufgaben unterstützen, indem er menschenähnliche Konversationen führt.

D

Dào 道 (Tao): Ein zentraler Begriff im Daoismus (Taoismus), der oft als „Weg" oder „Pfad" übersetzt wird, aber in tieferer Bedeutung die alles umfassende und durchdringende Kraft sowie der Ursprung selbst ist.

Dǎoshī 导师: Allgemeiner Begriff für einen Lehrer oder spirituellen Führer. Diese Person ist für die spirituelle Unterweisung der Mönche oder Laienpraktizierenden verantwortlich und hilft ihnen, den buddhistischen Weg zu verstehen und in die Praxis umzusetzen.

Dàoshi 道士: Daoistischer Priester

Dharma (Pali धम्म Sanskrit धर्म): Das Wort hat je nach Zusammenhang drei Hauptbedeutungen:

1. **Das universelle Gesetz** oder die kosmische Ordnung, der alle Lebewesen und Phänomene unterworfen sind. Dies bezieht sich auf das natürliche Gesetz von Ursache und Wirkung (Karma) und die zugrunde liegende Struktur des Universums.

2. **Die Lehren des Buddha**, die den Weg zur Befreiung vom Leiden und zur Erleuchtung zeigen. In diesem Zusammenhang wird Dharma als die Unterweisungen des Buddha verstanden, die den Pfad der ethischen Disziplin, der Meditation und der Weisheit umfassen.

3. **Einzelne Phänomene** (wenn kleingeschrieben): In der buddhistischen Philosophie wird "dharma" auch verwendet, um jegliches existierende Phänomen oder jegliche Erfahrungserscheinung zu beschreiben. Alles, was wahrgenommen oder erfahren werden kann, ist ein "dharma".

Diǎnzuò 典座 japanisch Tenzo:
Der Küchenverantwortliche in einem Tempel. Er muss seine Aufgabe mit einem Geist des Erwachens (Juéwù 觉悟) erfüllen und aus der Arbeit in der Küche sowie der zubereiteten Nahrung eine Gelegenheit für sich und die anderen schaffen, um zu erwachen.

Dokusan 独参 chinesisch Dúcān: Ein formales, privates Gespräch zwischen einem Schüler und einem Zen-Meister, in dem der Schüler Fragen zur Praxis stellt oder Koans bearbeitet. Es dient als ein zentrales Element der spirituellen Unterweisung im Zen.

Dukkha (Pali दुक्ख Sanskrit दुःख): Ist ein zentraler Begriff im Buddhismus und wird oft als „Leiden", „Unzufriedenheit" oder „Unvollkommenheit" übersetzt. Es beschreibt den grundlegenden Zustand des menschlichen Daseins, der durch das unvermeidliche Leiden und die Vergänglichkeit aller Dinge geprägt ist.
Dukkha tritt in verschiedenen Formen auf:

1. **Körperliches und geistiges Leiden** wie Schmerz, Krankheit, Trauer.
2. **Leiden durch Vergänglichkeit**, da nichts von Dauer ist.
3. **Leiden durch innere Unzufriedenheit**, auch wenn äussere Umstände scheinbar gut sind.

Dukkha ist eines der vier edlen Wahrheiten des Buddhismus und der Schlüssel zur Erkenntnis, dass

Befreiung (Nirvana) durch das Verstehen und Überwinden des Leidens erreicht werden kann.

F

Făshī 法师 Japanisch Hōshi: Ein Dharma-Lehrer im chinesischen Buddhismus. Der Făshī ist eine respektvolle Bezeichnung für jemanden, der die buddhistischen Lehren (Dharma) verbreitet und die Schüler in den Prinzipien und Praktiken des Buddhismus unterrichtet.

Fuse 布施/ Chinesisch Bùshī /Sanskrit दान Dāna: Die Praxis des Gebens und der Großzügigkeit. Sie ist eine der zentralen spirituellen Übungen im Buddhismus und die erste der sechs Pāramitā (Vollkommenheiten). Fuse wird von Mönchen, Nonnen und Laien gleichermaßen praktiziert, um das Ego loszulassen und Mitgefühl sowie Selbstlosigkeit zu fördern.

G

Gassho 合掌 chinesisch Hézhăng: Eine Geste des Respekts, bei der die Handflächen auf Höhe des Mundes aneinandergelegt werden, die Ellbogen abgewinkelt und die Unterarme parallel zum Boden. Man verbeugt sich leicht, um Achtung und Demut auszudrücken. In einem Chán-Dojo zeigt Gassho auch den Beginn und das Ende einer Handlung an und symbolisiert die Achtsamkeit, die ihr entgegengebracht wird.

Gōdō 行堂:

Ein älterer Mönch oder Priester im japanischen Chán-Kloster, der für die Überwachung der täglichen Praxis und Disziplin der Schüler verantwortlich ist. Der Gōdō führt oft Rituale und Zeremonien durch und unterstützt die Schüler in ihrer Zen-Praxis.

Geist – Seele: Der Geist ist die höchste Form unseres Selbst und in der Nondualität verankert. Er belebt den Körper, während die Seele die Verbindung zwischen dem Körper und unserem höheren Selbst, dem Geist, darstellt.

Gōngfū 功夫 – Kung Fu: Ist das, was man durch harte Arbeit und langes Üben erlangt. Meisterschaft in einem Bereich, wie zum Beispiel im Wǔshù, aber auch Mozart hat in der Musik Gōngfū erlangt. Man könnte sagen, dass Gōngfū einer Erleuchtungsstufe in einem jeweiligen Bereich vergleichbar ist, da es mit tiefer Erkenntnis einhergeht.

J

Jiànyuàn 监院: Jiànyuàn ist der Klosterverwalter oder die Disziplinarische Autorität in einem Chán-Kloster. Er überwacht die täglichen Abläufe, stellt sicher, dass die Regeln eingehalten werden, und kümmert sich um administrative Aufgaben sowie um das Wohlergehen der Gemeinschaft.

Jiāshā 袈裟 japanisch Kesa:
Ein grosses Stück Stoff, das von Nonnen und Mönchen während des Zazen getragen wird. Das Jiāshā ist das Gewand, das die wahre Unterweisung seit der Zeit Buddhas repräsentiert. Es ist immer in neutralen, erdfarbenen Tönen gehalten. Traditionell nähen Mönche und Nonnen ihr Jiāshā selbst, um ihre Hingabe zur Praxis zu zeigen.

Jiēxīn 接心 japanisch Sesshin: Eine mehrtägige Periode intensiver Praxis in einem Chán-Tempel. Während eines Jiēxīn widmen sich die Praktizierenden kontinuierlich der Meditation und Achtsamkeit, um tiefer in die buddhistische Praxis einzutauchen.

Jǐngcè 警策 Japanisch Kyosaku: „Stab des Erwachens". Während des Zazen kann der Praktizierende darum bitten, den Jǐngcè zu erhalten. Der Meister schlägt dann mit dem Jǐngcè auf eine bestimmte Stelle der Schulter, was entspannend wirkt und dazu beiträgt, die Meditation unter guten Bedingungen fortzusetzen. Es handelt sich keinesfalls um eine brutale Massnahme oder Bestrafung, sondern darum, die Achtsamkeit zu fördern und Spannungen im Körper zu lösen. Der Jǐngcè wird auch verwendet, wenn ein Schüler einzunicken droht, um dessen Konzentration zurückzubringen.

Jīngxíng 經行 japanisch Kin-hin: Langsames, achtsames Gehen im Tempel zwischen zwei Zazen-Sitzungen. Bei jeder Einatmung macht man einen halben Schritt nach vorne, und während der Ausatmung wird das gesamte Körpergewicht sanft Richtung Boden gedrückt. Die rechte Hand umfasst die linke Faust auf Höhe des Sonnengeflechts, während die Unterarme parallel zum Boden gehalten werden. Diese Praxis hilft dabei, Achtsamkeit und Konzentration auch während der Bewegung zu bewahren.

K

Kǒuxuān 口宣 japanisch Kusen: Mündliche Unterweisung, die vom Meister während der Zuòchán-Meditation gegeben wird. Diese Anweisungen dienen dazu, den Schülern während der Praxis Einsichten und Orientierung zu vermitteln.

Karma कर्म Sanskrit: Der Begriff bedeutet wörtlich „Handlung". Im Buddhismus bezeichnet er auch die positiven oder negativen „Früchte", die aus Handlungen resultieren und unweigerlich eintreten werden. Es gibt das Karma des Körpers, der Worte und des Denkens. Im Konzept der Verantwortlichkeit spielt Karma eine zentrale Rolle. Der Praktizierende kann lernen, durch Achtsamkeit und Bewusstheit in seinen Handlungen das Karma in eine andere, positive Richtung zu lenken.

L

Lǚ Dòngbīn 吕洞宾: Lǚ Dòngbīn ist eine
bedeutende Figur im Daoismus und einer der Acht
Unsterblichen (Bāxiān 八仙).

M

Māra: In Sanskrit wird Māra als मार geschrieben
und im Chinesischen als Móluó 魔罗 geschrieben.
Māra ist in der buddhistischen Tradition, oft mit dem
Verführer und mit dem Teufel gleich gesetzt, der
jede Gestalt annehmen kann, die er möchte.

N

Nirvana – Nibbāna in Pali निर्वाण Nièpán 涅槃:
Wörtlich "Verwehen" oder "Erlöschen". Im
Buddhismus bezeichnet es den Zustand der
vollständigen Befreiung vom Leiden, den Kreislauf
von Geburt, Tod und Wiedergeburt (Samsara) und
den negativen mentalen Zuständen wie Gier, Hass
und Unwissenheit. Es ist das höchste Ziel der
buddhistischen Praxis – der Zustand des inneren
Friedens und der vollkommenen Erleuchtung, in
dem alle Anhaftungen überwunden sind.

O

Yìngliàngqì 应量器 Oryoki: Traditionelle
Essschalen, die von Nonnen und Mönchen für die
Einnahme ihrer Mahlzeiten verwendet werden. Das
Öffnen und Verschliessen der Yìngliàngqì ist mit
einem präzisen Ritual verbunden, das Achtsamkeit
und Respekt für die Nahrung und die Praxis
symbolisiert.

P

Paramita पारमिता Sanskrit: Tugendhafte Praxis.
Die sechs Paramita sind: die Gabe, die Praxis der
Gebote, die Geduld, die Anstrengung, die
Konzentration und die Weisheit. Diese Tugenden
führen zur spirituellen Vervollkommnung und
Erleuchtung.

Predigtmaterial: Inhalte, Ideen und Themen, die
jemand sammelt und verwendet, um Lehren,
Ansprachen oder Unterweisungen – insbesondere in
einem religiösen oder spirituellen Kontext – zu
gestalten. Es bezieht sich auf das Wissen und die
Einsichten, die durch spekulative Studien oder
intellektuelle Auseinandersetzungen mit der
Wahrheit gewonnen werden und später in Predigten
oder spirituellen Lehren verwendet werden könnten.

S

Samu 作務 (Zuòwù): Die Gesamtheit der
Aufgaben, die für das gute Funktionieren des
Tempels und der Gemeinschaft erledigt werden
müssen. Diese Tätigkeiten werden als Teil der
spirituellen Praxis angesehen, da sie Achtsamkeit
und Selbstlosigkeit fördern.

Sangha संघ im chineischen Sēngqié 僧伽: Die
Gemeinschaft der Praktizierenden des Buddhismus,
einschliesslich Mönchen, Nonnen und Laien, die
gemeinsam den Weg des Buddha gehen.

Sānbài 三拜 japanisch Sanpai:

Dreifache Niederwerfungen. "San" bedeutet "drei", und "Bai" bezeichnet die Niederwerfung. Sānbài bringt tiefe Achtung und Dankbarkeit zum Ausdruck, oft in einem spirituellen oder religiösen Kontext, um Respekt vor Buddha, Dharma und Sangha zu zeigen.

5 Silas: Vermeidung von berauschenden Mittel,zum Beispiel keine Drogen

Vermeiden von sexuellem Fehlverhalten

Nicht Stehlen

Nicht Töten

Nicht Lügen

spekulativer Weg: Der Ausdruck bezieht sich auf eine Methode des Studiums oder der Erkenntnisgewinnung, die primär auf theoretischem, intellektuellem oder philosophischem Nachdenken basiert, ohne notwendigerweise praktische Erfahrungen oder direkte, intuitive Einsichten einzubeziehen. Es handelt sich dabei um eine Art des Nachdenkens, die sich auf Konzepte, Theorien und Hypothesen stützt, anstatt auf unmittelbare, spirituelle oder meditative Erfahrungen.

Sûtra सूत्र chinesisch Jīng 经: Der Begriff kann je nach Zusammenhang unterschiedliche Bedeutungen haben und steht für heilige Texte, sowohl im Daoismus als auch im Buddhismus:

1. Er bezeichnet die Texte, die die Worte des Buddha wiedergeben.

2. Er kann auch die grundlegenden Texte der verschiedenen buddhistischen Schulen umfassen, wie im Zen beispielsweise das Sandokai (參同契, Cāntóngqì) von Meister Sekito (石頭禅師, Shítóu Chánshī) oder das Fukanzazengi (普勧坐禪儀, Pǔquàn Zuòchányí) von Meister Dogen (道元禅師, Dàoyuán Chánshī).

3. Schliesslich bezeichnet er auch die Rezitationen oder Gesänge, die von der Gemeinschaft während buddhistischer Zeremonien verwendet werden.

T

Tàijíquán 太极拳: Es ist eine traditionelle chinesische Kampfkunst und gehört zu den inneren Stilen, bei denen die Kraft des Gegners ausgenutzt und umgelenkt wird. Tàijíquán harmonisiert die Prinzipien von Yin und Yang, indem es weiche, fliessende Bewegungen mit innerer Stärke kombiniert.

W

Wéinà 维那 japanisch Inō: Wéinà ist ein Titel für den Chant Leader oder Disziplinarischen Aufseher in einem Chán-Buddhistischen Kloster. Diese Person leitet die Gesänge während der Zeremonien und ist verantwortlich für die korrekte Durchführung der Rituale sowie für die Aufrechterhaltung der Disziplin in der Gemeinschaft.

Wǔshù: Wǔshù 武术 ist der Überbegriff für alle Chinesischen Kampfkünste.

Z

Zuòpútuán 座蒲团 japanisch Zafuton: Eine Matte, auf die das Zuòpú (Meditationskissen) gelegt wird. Sie bietet eine weiche Unterlage während der Sitzmeditation (zuòchán) und hilft, die Knie und Füsse zu entlasten, um eine komfortable Meditationshaltung über längere Zeit zu ermöglichen.

Zuòchán 座禅 japanisch Zazen – Sitzmeditation: Im Chinesischen als zuòchán 坐禅 bezeichnet. Die Zuòchán-Haltung ist sehr genau definiert: Die Beine sind gekreuzt oder in einer knienden Variation, der Rücken ist gerade, Bǎihuì 百会 (Kronenchakra) ist zum Himmel gerichtet, die Schultern und der Bauch sind entspannt. Die Hände liegen in einer runden, leicht ovalen Position (Kosmisches Mudra) auf dem Schoß: Die eine Hand liegt in der anderen, die Daumenspitzen berühren sich leicht und bilden eine gerade Linie. Die Augen sind halb geschlossen. Die Atmung ist tief und natürlich. Die gesamte

Aufmerksamkeit liegt auf der Haltung und Atmung. Die seelische Aktivität beruhigt sich, verschwindet jedoch nicht völlig. Wir hören einfach auf, sie weiter mit unnötigen Dingen zu nähren und uns mit ihr zu identifizieren. Meister Taisen Deshimaru, 弟子丸泰仙 pflegte zu sagen: „Während Zuòchán finden wir den natürlichen Zustand von Körper und Geist wieder."

Zuòpú 座蒲 japanisch Zafu: Es ist ein Meditationskissen, das traditionell in der Zen- und Chán-Meditationspraxis verwendet wird. Es hilft, den Körper während der Sitzmeditation (Zuòchán) in einer stabilen und bequemen Position zu halten, sodass der Praktizierende sich auf die Meditation konzentrieren kann.

7. Kontakte und mehr

Ihr könnt jederzeit mit mir Kontakt aufnehmen – ob für Rückmeldungen, Anregungen oder zur Teilnahme an meinen Kursen und Projekten. Zudem findet ihr Videos zu verschiedenen Themen auf YouTube. Auf Wunsch gehe ich dort auch gerne auf einzelne Geschichten aus meinem Buch ein und erläutere sie ausführlicher.

Ort: Bern, Schweiz

Homepage: www.daomonk.com

E-Mail: daomonk8@yahoo.com

Youtube: **Daomonk** – Deutscher Kanal
über alles wo ich mache
Daomonk Gong Fu & Cultivation
Gleicher Kanal nur in Englisch und noch mit einem grösseren Schwerpunkt aufs Gong Fu

Instagram:	daomonk
Tiktok:	Daomonk
Twitter:	daomonk8
Facebook:	Daomonk World
Spotify:	Daomonk
tumblr:	Daomonk
Bandcamp:	Daomonk

8. Weitere Bücher der Daomonk's Buchreihe

DMR 1
108 Besinnungen

DMR 2
Hua Hu Jing

ISBN 9783753407395

ISBN 9783755701354